7 Schindlers Fabrik (Fabryka Schindlera)

Durch den Holocaust-Film »Schindlers Liste« ist die Fabrik weltberühmt geworden. Heute ist sie ein Multimedia-Museum zur »Besatzungszeit 1939–45« (▸ S. 59, 61, 88).

8 Tuchhallen (Sukiennice)

Im Erdgeschoss geht man auf Schnäppchenjagd, im Obergeschoss sieht man polnische Kunst, im Keller-Labyrinth erlebt man Krakauer Geschichte (▸ S. 62, 82).

9 Weichseltouren

Krakau vom Wasser erleben: selbst rudern oder sich im Boot fahren lassen (▸ S. 62).

10 Wawel

Was der Kreml für Moskau, ist er für Polen: eine Burg voller Schätze (▸ S. 74, 83, 85).

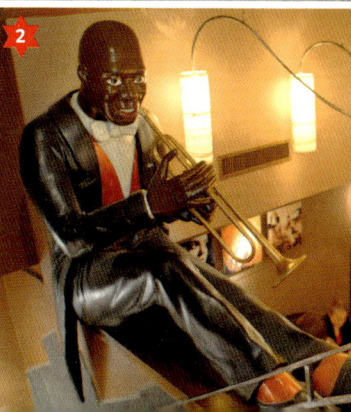

MERIAN-Tipps Mit MERIAN mehr erleben.

Nehmen Sie teil am Leben der Stadt und entdecken Sie Krakau, wie es nur Einheimische kennen.

Rubinstein
Feine Küche am Hauptplatz von Kazimierz – mit Blick auf die Remuh-Synagoge (▸ S. 23, 86).

Zapiecek Polski Pierogarnie
Original polnisch: Teigtaschen in vielen Varianten, zubereitet in einer offenen Küche (▸ S. 24).

Galeria Plakatu Krzysztof Dydo
Poetisch, provokativ oder rätselhaft: Polens Plakate sind immer für eine Überraschung gut (▸ S. 33).

Propaganda
Sozialistischer Retro-Stil: In dieser Kneipe sieht man rot, trinkt Bloody Mary und hört die »Internationale« (▸ S. 35).

Klezmer
Fetzige Folklore erklingt an der »Breiten Straße« des jüdischen Viertels Kazimierz (▸ S. 36).

Jüdisches Festival
Keine Betroffenheitskultur, hier regiert die pure Lust an Klezmermusik, Tanz und Kunst (▸ S. 40).

◄ Blick von der Marienkirche (► S. 56) auf Schloss und Wawel-Kathedrale (► S. 76).

Unterwegs in Krakau

Spaziergänge und Ausflüge   80

Wissenswertes über Krakau   98

✳ Karten und Pläne

Willkommen in Krakau Keine andere
Stadt Polens ist so schwungvoll und selbstbewusst. Tauchen
Sie ein in ein Ambiente von Lebenslust und Boheme.

Über Krakau heißt es, die Stadt sei »südländisch und ein wenig verrückt«. Das »Südländische« kommt von der italienischen Renaissancearchitektur, den hellen Plätzen und Palästen, der beschwingten Lebensart. »Verrückt« sind die Clubs und Kellerkneipen, aber auch die vielen kreativen Köpfe und Künstler. Wer hier lebt, ist nicht erpicht auf schnelles Geld, sondern ist ein »Highflyer« der anderen Art. Genuss und Geselligkeit stehen im Vordergrund, der Wunsch, die eigenen Träume zu verwirklichen. So ist es kein Zufall, dass Polens beste Literaten, Musiker und Regisseure aus Krakau stammen. In einer der ältesten Universitäten Europas sind über 50 000 Studenten eingeschrieben, viele in als »brotlos« geltenden Fächern. »Verrückt« ist auch Krakaus obsessive Liebe zur Vergangenheit. Statt Autos rumpeln Droschken über das Kopfsteinpflaster der Altstadt; Kirchtürme, nicht Hochhäuser bestimmen die Skyline. Viele Läden und Lokale stammen noch aus Habsburger Zeit; von manch einem Firmenschild lächelt gnädig Kaiser Franz Joseph herab.

Auch Krakaus akustische Kulisse wirkt wie aus längst vergangener Zeit: Zu jeder vollen Stunde läuten unzählige Kirchenglocken. Kaum sind sie verstummt, setzt ein kraftvolles Trompetenlied ein. Wer genau

◄ Ein Hauch von Boheme weht durch das jüdische Viertel Kazimierz (▶ S. 54, 86).

hinhört, bemerkt, dass es nach fünf Tönen abrupt abbricht. Das dramatische Finale erinnert an jenen unglücklichen Trompeter, der 1241 die Krakauer vor den nahenden Mongolenkriegern warnen wollte und – noch während er blies – von einem ihrer Pfeile durchbohrt wurde.

Patina der Vergangenheit

Viele Krakauer sehen es als eine Art göttlicher Vorsehung an, dass ihre Stadt den Zweiten Weltkrieg unversehrt überstand, während das gesamte Land in Schutt und Asche versank. Nichts musste wiederaufgebaut oder mühsam rekonstruiert werden. Zahlreiche Gemäuer sind mehrere Jahrhunderte alt, überzogen mit der Patina der Geschichte. Krakaus Steine »sprechen« von Polens goldener Zeit, von Glanz und Gloria. Immerhin war Krakau ein halbes Jahrtausend (1038–1609) die Hauptstadt eines Reiches, das sich zeitweise von der Ostsee bis zum Schwarzen Meer erstreckte. Seine kaisergleiche Stellung unterstrich der König mit vielen Repräsentationsbauten, und der Adel wollte ihm an Prachtentfaltung nicht nachstehen. Aus dieser Zeit stammen das Schloss auf dem Wawel, mehr als 100 Kirchen und Klöster sowie Europas größter Marktplatz. Künstler aus Italien, Flandern und aus deutschen Landen wurden angeworben, das mittelalterliche Krakau aufzupolieren. Mit den Italienern kam früh die Renaissance nach Polen, und sie konnte sich fest verankern – bis heute wird sie als »nationaler Architekturstil« empfunden.

Hochburg der Kleriker

Nach dem Zweiten Weltkrieg blieb die Architektur intakt, doch alles andere war verändert: Die Juden, die vor dem Krieg ein Viertel der Stadtbevölkerung gestellt hatten, gab es nicht mehr. Adel, Klerus und Bürgertum, vormals die herrschenden Klassen, waren im sozialistischen Polen entmachtet; mit Nowa Huta wurde dem konservativen Krakau eine Arbeiter- und Industriestadt vor die Nase gesetzt. Doch die sozialistische Regierung hatte die Rechnung ohne den Wirt gemacht: Die Arbeiter trotzten dem »gottlosen Reich« Kirchen ab und forderten mit dem polnischen Papst bald auch die Rückkehr zum Kapitalismus. Krakaus schöne, verträumte Oberfläche täuscht darüber hinweg, dass die Stadt Hochburg der Kleriker ist – nicht umsonst war Karol Wojtyla, bevor er Papst wurde, jahrelang Erzbischof von Krakau. In Krakau, dem »zweiten Rom«, steht in jeder Gasse mindestens eine Kirche. Fromme Katholiken haben alle Hände voll zu tun, wenn sie sich an jeder bekreuzigen müssen.

Alles, was dunkel ist, hat Kultstatus. Darin sind sich die Krakauer – egal, ob jung oder alt – einig. Sie lieben die Nacht, und sie lieben die düsteren Kneipen. Samtvorhänge verhüllen das Tageslicht, Sofas sind so weich, dass man in ihnen versinkt. Am liebsten steigen die Krakauer in Kellerbars hinab, wo ihnen das tiefe Mittelalter entgegenweht. Bald schon stellen sich nicht nur die Augen auf die Finsternis ein, auch die übrigen Sinne vergessen, dass es ein »Draußen« gibt. Nur weg vom Licht, dort lauert die Wahrheit – und die könnte unangenehm sein …

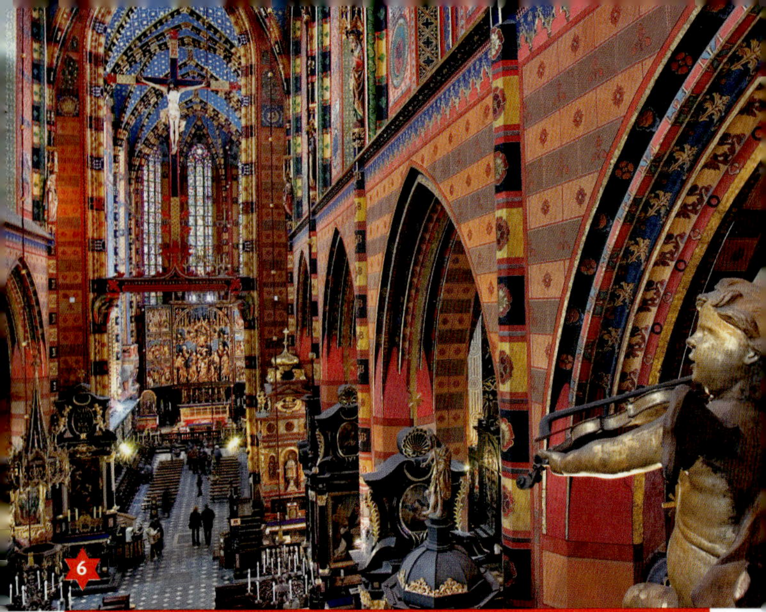

MERIAN -**TopTen** MERIAN zeigt Ihnen die Höhepunkte der Stadt: Das sollten Sie sich bei Ihrem Besuch in Krakau nicht entgehen lassen.

 Krakauer Cafés
Vom Jama Michalika bis »Jenseits von Afrika«: habsburgische Kaffeehauskultur, skurril abgewandelt (▸ S. 25, 82).

 Jazz und Crossover
Keine andere polnische Stadt bietet auf kleinem Raum eine so lebendige Musikszene wie Krakau (▸ S. 36).

 Sonnwendfeier
In Polen stehen heidnische Bräuche hoch im Kurs: Kerzengeschmückte Kränze verwandeln die Weichsel in einen Lichterstrom (▸ S. 39).

 Großer Markt (Rynek Główny)
Mit 40 000 qm Europas größter mittelalterlicher Marktplatz, lebendig und schön (▸ S. 53).

 Kazimierz
Synagogen, Museen und Klezmer-Lokale erinnern an die »geistige Hauptstadt der Juden« (▸ S. 54, 86).

 Marienkirche (Kościół Mariacki)
Beeindruckend: der Altar von Veit Stoß, im Turm verkündet ein Trompeter das Verrinnen der Zeit (▸ S. 56, 82).

 7 Wawel-Drache

Im Minutentakt spuckt Krakaus legendärer Drache Feuer und Flamme – ein Spaß für Kinder (▸ S. 43).

 8 Heidnische Hügel

Besten Blick auf Krakau bieten mehrere aufgeschüttete Hügel im Süden, Westen und Osten der Stadt (▸ S. 61).

 9 Słowacki-Theater

Ein Fest fürs Auge: geschmückte Logen, viel Gold und Kristall in Krakaus »bestem Haus« (▸ S. 62, 84).

 10 Tempel-Synagoge/ Synagoga Tempel

Wenig bekannt ist Krakaus schönste Synagoge – voller Gold und geschwungener Ornamente. Auch ein wunderbarer Ort für Konzerte (▸ S. 63, 87).

Wer unter den Arkaden der Tuchhallen
(▶ S. 62) sitzt, hat alles im Blick: die Marien-
kirche (▶ S. 56) und das rege Treiben am
Großen Markt (Rynek Główny ▶ S. 53).

Zu Gast **in Krakau**

Genuss für alle Sinne, von morgens bis abends, unter und über der Erde: Die Königsstadt bietet auf kleinem Raum eine Fülle von Erlebnissen. Und wer genug gesehen hat, fährt aufs Land.

Übernachten
Von Bed & Breakfast bis zum Nobelpalais: Fast alle Unterkünfte sind klein und liegen in der Altstadt. Auch im ehemaligen jüdischen Viertel entstehen viele neue Hotels.

◄ Ob kulinarisch oder atmosphärisch: Das Restaurant im Nobelhotel Stary (▶ S. 15) überzeugt in jeder Hinsicht.

Besucher können sich freuen: Vom Boutique- bis zum Budget-Hotel, vom Apartment bis zum Hostel schießen in Krakau Unterkünfte wie Pilze aus dem Boden. Bettenburgen gibt es kaum, fast alle Unterkünfte befinden sich in ehemaligen Adels- und Bürgerhäusern. Die meisten liegen in der Altstadt, knapp außerhalb des sie umspannenden Grüngürtels sowie im jüdischen Viertel Kazimierz. Wer sich hier einquartiert, kann alle Sehenswürdigkeiten zu Fuß erkunden.

Komfort in alten Mauern

Die Unterkunftspreise sind in den letzten Jahren nach oben geklettert und haben mittlerweile westeuropäisches Niveau. Es empfiehlt sich daher, nach »special rates« zu fragen, die am Wochenende und im Winter, manchmal auch bei einer längeren Aufenthaltsdauer, etwa ab vier Tagen, gewährt werden. In der Hochsaison, die von Mai bis September dauert, sollte man im Voraus reservieren; in der übrigen Zeit ist es leicht, ein freies Bett zu finden. Buchung über Internet-Anbieter macht den Preisvergleich leichter (z. B. www.holidaycheck.de, www.trivago.de, www.hotelsinpoland.com, www.polhotels.com). Doch trotz anderslautender Werbung ist der Gesamtpreis oft nicht niedriger als direkt über die Website des Hotels. Wer sich erst vor Ort für ein Quartier entscheiden mag, kann sich gegen Gebühr in der Krakauer Touristeninformation ein Zimmer reservieren lassen (▶ S. 109). Wenn Hotels Preise in Euro oder Dollar angeben, wird beim Bezahlen zum Zloty-Tageskurs abgerechnet.

Günstige Angebote

Wer sein Geld nicht für ein Luxusquartier, sondern lieber für Essen, Konzerte und Ausflüge ausgeben will, findet in Krakau viele preiswerte Unterkünfte. Die beste Option für jüngere und jung gebliebene Gäste sind **Hostels**. Sie liegen zentral, bieten funktionale Doppel- und noch günstigere Vielbettzimmer, die nicht nach Geschlecht getrennt sind. Die sanitären Einrichtungen werden gemeinschaftlich genutzt, was morgens zuweilen zu Engpässen führen kann. Dafür gibt es einen Aufenthaltsraum mit Tee- und Kaffeeküche, Gratis-Internet und Wäscherei-Service (z. B. www.nathansvilla.com, www.mamashostel.com.pl, www.cracowhostel.com).

Ein weniger kommunikatives Ambiente, dafür mehr Intimität findet man in **Privatzimmern**: Familien verdienen sich ein Zubrot, indem sie ein Zimmer (meist ohne eigenes Bad) vermieten. Vermittelt werden die meist außerhalb der Altstadt gelegenen Quartiere über eine Agentur gegenüber dem Hauptbahnhof (Jordan, ul. Pawia 8, Tel. 4 22 60 91, www.jordan.krakow.pl). Oft wird man am Hauptbahnhof angesprochen, ob man ein Zimmer (»pokój«, »nocleg«) sucht. Um unliebsame Überraschungen zu vermeiden, sollte man sich auf der Karte zeigen lassen, wo das Quartier liegt.

In den Semesterferien verwandeln sich **Studentenwohnheime** in preiswerte Quartiere. Zur Wahl stehen einfache Einzel- bis Dreibettzimmer mit eigenem Bad. Eine Liste der aktuellen Adressen und Preise findet man unter www.hotelestudenckie.pl (in englischer Sprache).

Üppiges Frühstück

Egal, ob im Fünf- oder im Zwei-Sterne-Hotel: Die erste Mahlzeit des Tages wird meist in Büfettform serviert. Es gibt Käse und Wurst, Müsli und Joghurt, marinierten Hering und Lachs, manchmal auch Kaviar und Sekt.

Preise für ein Doppelzimmer mit Frühstück:

€€€€ ab 120 €	€€ bis 80 €
€€€ bis 120 €	€ bis 40 €

HOTELS €€€€

Copernicus ▶ S. 120, C 6

Am Fuß des Wawel • Nobelhotel in mittelalterlichem Gemäuer. Im ehemaligen Kanonikerhaus am Fuße des Wawel setzt man auf Kontraste: einerseits Originalfresken aus dem 14. Jh., dunkles Holz und edle Stoffe, andererseits ein Innenhof mit spinnenförmigem Glasdach und auf den Galerien offen hängende Aluminiumrohre. Die Zimmer mit Podestbett und rotem Marmorbad geben sich altertümlich, der effektvoll beleuchtete Pool mit Sauna im Backsteingewölbe modern. Das hervorragende Frühstück wird im Innenhof eingenommen, von dem edle Aufenthalts- und Restaurantsäle abgehen.
Stare Miasto • ul. Kanonicza 16 • Tram: Plac Wszystkich Świętych • Tel. 4 24 34 00 • www.copernicus. hotel.com.pl • 29 Zimmer • €€€€

Holiday Inn 👤👤 ▶ S. 119, D 4

Bewährt • Vier-Sterne-Komfort in außergewöhnlicher Architektur: Der Gründerzeitpalast zwischen Altstadt und jüdischem Viertel Kazimierz wurde um zwei moderne Seitenflügel erweitert – Glas und gleißende Helligkeit sorgen für einen pompösen Rahmen. Die Zimmer sind freundlich, die Bäder nur funktional; zum Büfettfrühstück gibt es frisch gepressten Orangensaft und viele Extras. Mit (kostenpflichtiger) WiFi-Zone und Tiefgarage.
Stradom • ul. Wielopole 4 • Tram: Poczta Główna • Tel. 6 19 00 00 • www.hik.krakow.pl • 154 Zimmer • ♿ • €€€€

Pod Różą 👤👤 ▶ S. 119, D 3

Alt trifft Neu • Das »Haus zur Rose«, Krakaus ältestes Hotel, umgibt seine Gäste seit dem 18. Jh. mit zeitgemäßem Komfort: Heute sind die Zimmer mit handgearbeiteten Möbeln eingerichtet, haben Flachbild-Sat-TV, schnellen Internet-Anschluss und Marmorbäder mit Jacuzzi-Wanne. Vorzüglich ist das Büfettfrühstück, das im mit Glas überdachten Atrium eingenommen wird.
Stare Miasto • ul. Florianska 14 • Tram: Dworzec Główny • Tel. 4 24 33 00 • www.podroza.hotel.com.pl • 57 Zimmer • ♿ • €€€€

Sheraton 👤👤 ▶ S. 120, B 6

Am Weichselufer • Das Fünf-Sterne-Haus aus Glas und Backstein steht

In der Straße der Kanoniker verbirgt sich hinter mittelalterlichen Mauern das luxuriöse Ambiente des Fünf-Sterne-Hotels Copernicus (▶ S. 14).

am Weichselufer, wenige Schritte vom Wawel entfernt. Im Vergleich zum pompösen Atrium fallen die Zimmer etwas ab: Sie sind komfortabel, aber ohne viel Pfiff eingerichtet – nur wenige bieten Flussblick. Fürstlich ist das Büfettfrühstück, funktional die Wellness- und Fitnessetage. Auf der gleichen Ebene ist die Tiefgarage.
Nowy Świat • ul. Powiśle 7 • Tram: Jubilat • Tel. 6 62 10 00 • www. sheraton.pl/krakow • 233 Zimmer • ♿ • €€€€

Stary   ▶ S. 118, C 3

Vom Feinsten • Ein historisches Haus, nur wenige Schritte vom Rynek entfernt, wurde in ein Nobelhotel verwandelt: »Alt« (poln. »stary«) ist nur das aufwendig restaurierte Gemäuer mit Originalfresken. Neueste Glasaufzüge bringen Gäste hinab ins Spa, wo man unter Backsteingewölben schwimmen, in der Salzgrotte oder in der Sauna entspannen kann. In den Zimmern (alle mit Sat-TV und Gratis-Internet ausgestattet) kontrastieren schwere Eichenbetten mit minimalistischen Accessoires; die formstrengen Marmorbäder haben Jacuzzi-Wanne und Fußbodenheizung. Sehr gut ist das Frühstücksbüfett, vom Café im 6. Stock (12–23 Uhr) genießt man über Krakaus Dächer einen herrlichen Ausblick auf die Marienkirche.

Stare Miasto • ul. Szczepańska 5 • Tram: Basztowa LOT • Tel. 3 84 08 08 • http://stary.hotel.com.pl • 53 Zimmer • €€€€

Wawel ▶ S. 119, D 4

Gute Mittelklasse • Die Touristenherberge mutierte zu einem stilvollen Mittelklassehotel. Es liegt zentral, aber ruhig in einer Gasse, die von der zum Wawel führenden Burgstraße abzweigt. Die klimatisierten Zimmer sind in Beigetönen gehalten, nach dem Sightseeing erholt man sich im luxuriösen Spa mit Whirlpool, Dampfbad, Türkischem Bad und Massageräumen.

Stare Miasto • ul. Poselska 22 • Tram: Plac Wszystkich Świętych • Tel. 4 24 13 00 • www.hotelwawel.pl • 39 Zimmer • €€€€

Wentzl ▶ S. 120, C 8

Alteuropäischer Glanz • Denkmalgeschütztes Haus am Marktplatz. Die Zimmer sind mit Stilmöbeln und Radierungen gemütlich eingerichtet, man kann sich Kaffee und Tee zubereiten. Von fast allen Zimmern genießt man einen tollen Blick auf Tuchhallen und Marienkirche. Das Büfettfrühstück wird im ersten Stock im gleichnamigen Nobellokal eingenommen.

Stare Miasto • Rynek Główny 19 • Tram: Plac Wszystkich Świętych • Tel. 4 30 26 64 • www.wentzl.pl • 18 Zimmer • €€€€

HOTELS €€€

Eden ▶ S. 121, E 7

Alles koscher • Nur ein paar Schritte von der Alten Synagoge, in der »dunklen Gasse«: Hier warten kleine, behagliche Zimmer mit Thora-Fragmenten an der Tür und Krakaus einzigem koscheren Frühstück. Entspannen kann man sich (gegen Aufpreis) im Mikwe-Bad, in einer Sauna sowie in einer urigen Salzgrotte. Mit Gratis-Internet, Terrassencafé unter rauschenden Pappeln und gemütlichem Kellerpub.

Kazimierz • ul. Ciemna 15 • Tram: Miodowa • Tel. 4 30 65 65 • www.hoteleden.pl • 27 Zimmer • €€€

Wit Stwosz 🍴🍴 ▶ S. 119, D 3–4

Plüschiger Komfort • »Veit Stoß«, so der aus dem Polnischen rückübersetzte Name, nennt sich ein kircheneigenes Hotel knapp östlich des Markts. In keinem Zimmer fehlen das Kreuz, das Mutter-Gottes-Bildnis, die Bibel und die Plastikblumen. Die Räume sind groß, für Familien werden Drei- und Vierbettzimmer angeboten.

Stare Miasto • ul. Mikołajska 28 • Tram: Dworzec Główny • Tel. 4 29 60 26 • www.wit-stwosz.com.pl • 17 Zimmer • €€€

HOTELS €€

La Fontaine B&B 🍴🍴 ▶ S. 118, C 3

Modern & funktional • Ein interessantes Wohnkonzept: Zu jedem der in Rottönen gehaltenen Zimmer gehört ein Separee mit Sitzecke und Kitchenette, das nur optisch von dem des Nachbarn abgetrennt ist. Zusätzlich teilen sich die Gäste eine voll ausgestattete Küche mit Waschmaschine. Das Frühstück wird im Kellerrestaurant eingenommen.

Stare Miasto • ul. Sławkowska 1 • Tram: Basztowa LOT • Tel. 4 22 65 64 • www.bblafontaine.com • 15 Zimmer • €€

Jordan ♟♟   ▶ S. 119, D 2

Schöner Frühstücksraum • Zehn Gehminuten nördlich der Altstadt: Hotel mit familienfreundlichen Dreibettzimmern (im vierten Stock) sowie einem »exotischen« Frühstücksraum. Er heißt »Magellans Bibliothek« und variiert das Thema Reise: Die Decke ist mit Darstellungen der Kontinente bemalt, an der Wand hängen Schaukästen mit Schmetterlingen, das Büfett steht auf einem Schiffsrumpf.
Kleparz • ul. Długa 9 • Tram: Basztowa • Tel. 4 30 02 92 • www.hotel.jordan.pl • 19 Zimmer • €€

Old Town Studios ♟♟   ▶ S. 118, C 3

Für Selbstversorger • Wie der Name verspricht, liegen die Wohnungen allesamt in der Krakauer Altstadt. Zur Wahl stehen funktionale bis luxuriöse Studios und Apartments mit Küche und Bad. Letztere empfehlen sich vor allem für Kleingruppen und Familien: Wohnen vier Personen darin, ist der Preis auf jeden Fall niedriger als der für entsprechende Hotelzimmer. Vielfach ist das Frühstück in einem benachbarten Café im Preis inbegriffen; dies gilt aber nicht bei Last-Minute-Buchung. Bei längerem Aufenthalt wird Rabatt gewährt.
Stare Miasto • ul. Gołębia 2/3-B • Tram: Plac Wszystkich Świętych • Tel. 4 21 42 01 • www.bb-krakow.com • €€

U Pana Cogito   ▶ S. 118, A 7

Non-Profit • Villa aus dem 19. Jh. am linken Weichselufer, wenige Gehminuten von der Altstadt. Helle, ruhige Zimmer (Sat-TV, Gratis-Internet, Kühlschrank, Klimaanlage), Frühstück im Wintergarten, freundliches Ambiente. Das Restaurant serviert polnische Gerichte. Die Einnahmen aus dem Hotel kommen der Arbeit mit psychisch Kranken zugute. Mit bewachtem Gratis-Parkplatz. Anfahrt vom Bahnhof:
Dębniki • ul. Bałuckiego 6 • Tram: Most Grunwaldzki, dann zwei Stationen mit Bus 112 • Tel. 2 69 72 00 • www.pcogito.pl • 14 Zimmer • €€

Warszawski ♟♟   ▶ S. 119, E 2

Bestes Preis-Leistungs-Verhältnis • Das traditionsreiche Hotel aus Habsburgerzeit (1891) liegt gegenüber dem Glaspalast der Galeria Krakowska und dem Hauptbahnhof, nur wenige Gehminuten vom Marktplatz entfernt. Vom ersten Augenblick fühlt man sich hier wohl: Die Rezeption ist freundlich, und die Zimmer sind gemütlich und verfügen über Sat-TV. Sehr schön sind die Marmorbäder, die mal in Rot, mal in Schwarz oder Weiß gestaltet sind, immer mit verspiegelter Decke, extraleisen Wasserhähnen, Fön und Handtuchwärmer. Wer seinen Laptop dabei hat, kann sich freuen: Das ganze Hotel ist eine kostenlose (!) WiFi-Zone. Das Büfettfrühstück wird im hellen Kellergewölbe eingenommen; ein bewachter Parkplatz befindet sich gleich neben dem Haus. Vom Hauptbahnhof gegenüber fahren regelmäßig Züge zum Flughafen, den Busservice dorthin gibt's schon lange.
Stare Miasto • ul. Pawia 6 • Tram: Dworzec Główny • Tel. 4 24 21 00 • www.hotelwarszawski.pl • 31 Zimmer • ♿ • €€

Essen und Trinken

Von Sacher bis Sushi, von altpolnischer Adels- bis hin zu Ethnoküche reicht die Gastro-Palette Krakaus. Dazu kommen viele originelle und behagliche Kaffeehäuser!

◄ Wer nostalgische Atmosphäre und hausgemachten Kuchen schätzt, fühlt sich im Café Camelot (▶ S. 24) wohl.

Eine so große Vielfalt findet man nirgends sonst in Polen: In Krakau sind fast alle Küchen der Welt vertreten, darunter so exotische wie die brasilianische, korsische und ukrainische. Vom Gourmettempel bis zur Salatbar werden alle Geschmäcker und Geldbeutel bedient – man muss nur wählen, ob man vornehm-fein oder einfach-gesellig speisen will.

Köstliche Suppen

Unschlagbar gut schmecken Suppen und Eintöpfe. Ein Klassiker ist »barszcz«, eine säuerliche Rote-Bete-Suppe, die mit gefüllten Teigtaschen, den sogenannten »Öhrchen«, oder mit knuspriger Krokette gegessen wird. Im Frühjahr wird sie »auf ukrainische Art« mit grünen Rübenblättern angereichert, im Sommer serviert man sie »litauisch« als Kaltschale mit Joghurt und Gurke. Als Alternative bietet sich »żurek« an, eine auf der Grundlage von Sauermilch und fermentiertem Roggenmehl zubereitete Suppe, auf deren Grund ein halbes Ei schwimmt. Besonders gut schmeckt sie, wenn sie statt im Teller in einem ausgehöhlten Brotlaib serviert wird: Der säuerliche Geschmack wird dadurch noch verstärkt.

Polens bekanntestes Gericht, der »bigos«, gilt zwar als Eintopf, doch hat er kaum etwas Flüssiges an sich. Er besteht aus gedünstetem Sauerkraut, das mit den unterschiedlichsten Resten vermengt wird. Stets mit dabei sind Fleischstücke, Kümmel und Paprika, manchmal auch getrocknete Pflaumen, Äpfel und ein Schuss Wein. Je öfter »bigos« aufgewärmt wird, desto harmonischer ist sein Geschmack. Polens Gastronomen protestieren heftig gegen die EU-Normen, denen zufolge das mehrmalige Aufwärmen unhygienisch und deshalb zu verbieten sei.

Gern kommt als Vorspeise Säuerliches auf den Tisch. Alles, was sich dafür eignet, wird eingelegt: nicht nur Sauerkraut, Rote Bete, Zwiebel und Gurke, sondern auch Hering und Dorsch. Ein Stängel Dill, etwas Knoblauch und ein Meerrettichblatt machen sie haltbar und verleihen ihnen eine pikante Note.

Dazu passt vorzüglich Tatar, ein Überbleibsel der Tatarenkultur: Das frische Rindfleisch, das die Reiter unterm Sattel als Proviant mit sich führten, wurde durch den Ritt »weich geklopft«, anschließend roh und pikant gewürzt verzehrt. Heute gilt Tatar als luxuriöse Vorspeise, die freilich in Zeiten von Rinderwahn und Salmonellen mit Vorsicht zu genießen ist. Meist wird das gehackte Fleisch zu einem vulkanartigen Häufchen angerichtet, in dessen kraterartiger Vertiefung ein rohes Eigelb ruht. Marinierte Zutaten werden um den »Berg« herum angerichtet. Mittlerweile gibt es Tatar auch aus Wild und Lachs – zu allen Varianten trinkt man eiskalten Wodka.

Waldpilze sind von der polnischen Tafel nicht wegzudenken, sage und schreibe 42 Speisepilzarten sind im Land registriert. Im Frühherbst schwirren ganze Großfamilien aus, um sie zu ernten. Es gibt Steinpilze, im Polnischen »prawdziki« (die Wahrhaftigen) genannt, außerdem Pfifferlinge und Reizker, Morcheln, Birken- und Butterpilze. Die Tradition des Sammelns reicht in jene

Zeit zurück, als viele Polen gezwungen waren, sich mit Riesenvorräten an Pilzen über den langen Winter zu retten. Aus der Not machten sie eine Tugend und erfanden allerlei Gerichte, um das Menü zu variieren: Pilze werden mariniert, in Butter oder saurer Sahne gedünstet, in Fleischrouladen gerollt, oft auch getrocknet und als Aroma für Suppen und Soßen verwendet.

In der kalorienbewussten West-Küche sind sie längst passé, im östlichen Nachbarland sind sie Kult: Klöße, Nockerln und Plinsen, die rund und rechteckig, süß und salzig sind. Sie stammen nicht aus der Fertigpackung, sondern werden aufwendig von Hand zubereitet. Zur Familie der Teiggerichte gehören die »pierogi«, die den schwäbischen Maultaschen nicht unähnlich sind. Am häufigsten sieht man die »russische« Variante (»po ruskie«) mit einer Füllung aus zerstampften Kochkartoffeln, Zwiebeln, Schichtkäse und Speck. Beliebt sind auch Piroggen mit Fleisch (»z mięsem«) bzw. Sauerkraut (»z kapustą«). Zuletzt werden die gekochten Teigtaschen mit zerlassenem Schmalz beträufelt und mit Speckgrieben bestreut, dazu trinkt man Kefir.

Das Schnitzel (»sznycel«) zählt nicht zu den Highlights der polnischen Küche, oft verbirgt sich dahinter ein Hackbraten mit einer Portion Ketchup. Wer in Polen gut essen will, bestellt Geflügel und Wild. Da gibt es Exotika wie Wildschwein-Carpaccio und -pastete, Hirschschinken und Wisentfleisch. Ausgezeichnet schmeckt auch »Ente auf Krakauer Art«, gefüllt mit Apfel, Pflaumen und anderem Trockenobst. Aus der Ostsee, aber auch aus Flüssen und Seen stammt der Fisch: viel Hering, aber auch Zander, Aal, Hecht und Lachs. Die beliebtesten Süßwasserfische sind Forelle, Schleie und Barsch. Der Fisch wird je nach Rezept gedünstet, gebraten, gekocht, sautiert und flambiert. Hering (»sledź«) legt man in saurer Sahne, Zwiebel- oder Gemüsesoße ein. Karpfen gibt es oft in Aspik »auf jüdische Art« (»karp po żydowsku«), wobei er durch die Beigabe von Rosinen und Mandeln einen süßen Beigeschmack erhält.

Zum Essen trinkt man Mineralwasser und Fruchtsaft, am liebsten aber Bier. Es passt gut zur deftigen Küche und ist preiswert – kein Wunder also, dass der Jahreskonsum mittlerweile auf 50 l pro Kopf angestiegen ist. Die wichtigsten Marken heißen Piast, Leżajsk, Okocim, Tyskie und Żywiec, wobei die polnischen Namen darüber hinwegtäuschen, dass die Brauereien längst in ausländischer Hand sind. Wein wird importiert, bleibt trotz fallender Preise aber für die meisten Polen unerschwinglich. Gern rundet man das Mahl mit einem Gläschen klaren, eiskalten Wodka ab – na zdrowje!

Üppige Mahlzeiten

Eine Redensart lautet: »Frühstücke wie ein Kaiser, iss zu Mittag wie ein Bürger und zu Abend wie ein Bettelmann.« Da die Arbeit in Polen schon früh, oft um 7 Uhr, beginnt, wird das Frühstück im Morgengrauen eingenommen. Zu einer Tasse Tee oder Kaffee isst man ein dick belegtes Brot; Rühr- oder Spiegelei kommen fast immer dazu. Das Frühstück ist überaus üppig, denn es soll lange vorhalten. In den meisten Betrieben gibt es keine Mittagspause, sodass man bestenfalls zwischendurch ein oder zwei belegte Brote (»kanapki«) zu sich nehmen kann. Erst am späten Nachmittag, ab 15 Uhr, wird »zu Mittag« gegessen. Obligatorisch sind Suppe, Fleisch oder Fisch, dann das Dessert, manchmal zusätzlich Kaffee und Kuchen. Das Abendessen fällt, wie in der Redensart schon angedeutet, weniger üppig aus, eingenommen wird es zwischen 18 und 22 Uhr.

In Polen gibt es keine Ruhetage. Fast immer öffnen Restaurants gegen 12 Uhr und schließen um 23 Uhr, oft auch erst, wenn der letzte Gast gegangen ist. Abweichungen von der Regel werden angegeben.

Preise für ein dreigängiges Menü:

€€€€ ab 30 €	€€ bis 20 €
€€€ bis 30 €	€ bis 10 €

INTERNATIONAL

Wentzl ▸ S. 118, C 4

Im Adelssalon • Nobles galizisches Restaurant mit 200-jähriger Tradition am Markt. Besonders zu empfehlen sind Krebssuppe mit Teigtaschen, in Kirschwodka marinierte Entenscheiben, zarter, in Papier gebackener Heilbutt und als Nachtisch Crème brûlée. Die Weinkarte ist mitteleuropäisch, sogar Tropfen aus Slowenien sind vertreten.
Stare Miasto • Rynek Główny 19 • Tram: Plac Wszystkich Świętych • Tel. 4 29 57 12 • www.wentzl.pl • tgl. 13–23 Uhr • €€€

Milano ▸ S. 119, C 4

Mit Understatement • Restaurant im Bonerowski-Palast, schlicht-schön mit seinen zwischen hellen Renaissancesäulen postierten dunklen Holztischen. Gut schmeckt die hausgemachte Pasta, z. B. Spaghetti à la Milano mit Seefrüchten, die in

Im Restaurant Wentzl (▸ S. 21) wird nach galizischer Tradition gekocht.

einem Pergamentbeutel gebacken und serviert werden. Mit Garnelen-Avocadotatar vorneweg und Zitronensorbet zum Abschluss. Auf der kleinen Karte stehen auch ein paar polnische Klassiker, italienische Schlager begleiten das Mahl.
Stare Miasto • ul. Św. Jana 1 • Tram: Plac Wszystkich Świętych • Tel. 3 74 13 10 • www.milanokrakow.pl • tgl. 12–23 Uhr • €€

Szara Kazimierz ▸ S. 121, E 7

Kosmopolitisch • Neben der Remuh-Synagoge: Elegantes Bistro-Ambiente mit Thonet-Stühlen und leinengedeckten Tischen, an der Wand hängen Fotos von Boheme-Schönheiten, die Besitzer Bogdan Aksman geschossen hat. Serviert wird feine internationale Küche zu einem günstigen Preis. Immer mit von der Partie sind französisches Fleur de Sel und exquisites Olivenöl.

Kazimierz • ul. Szeroka 39 • Tram: MiodowaTel. 429 12 19 • www.szara kazimierz.pl • tgl. 11–22 Uhr • €€

Virtuoso   ▸ S. 119, D 3

Chillig • Schön sitzt man auf der Rynek-Terrasse und im schlauchför-migen Innenraum, der dekoriert ist mit goldgerahmten Zeitgenossen in Renaissance-Pose. Die Küche ist mediterran inspiriert, gut schme-cken Thunfisch-Carpaccio und Königsgarnelen mit Ingwer-Dip, Pizza & Pasta, auch die 300 g schwe-ren Filets.

Stare Miasto • Rynek Główny 44 • Tram: Plac Wszystkich Świętych • Tel. 4 29 88 66 • www.rynek44.pl • €€

JÜDISCH
Arka Noego   ▸ S. 121, E 6

Hier kocht der Chef • Auch in »Noahs Arche« erklingt abends live Klezmer. Unter Barockgewölben biegen sich Holztische, und Kerzen-schein flackert. Zu den jüdischen Klassiker zählen Hering-Tatar (mit marinierten Pilzen), dann Gänse-brust mit Waldbeersoße à la Rebeka und als Nachtisch Noemi-Torte mit Honigwein.

Kazimierz • ul. Szeroka 2 • Tram: Miodowa • Tel. 4 29 15 28 • €€

Klezmer Hois   ▸ S. 121, E 7

Nicht koscher, aber mit Klezmer • Jeden Abend Livemusik von Klez-mer bis zu Zigeunerballaden, dazu plüschiges Ambiente wie anno dazu-mal: An der Wand hängen Bilder bärtiger Juden, auf Tischen stehen siebenarmige Leuchter auf Spitzen-decken. Angeboten wird jüdische

Im afrikanisch angehauchten Café Pożegnanie z Afryką (▸ S. 25), zu Deutsch »Jenseits von Afrika«, hat man mehr als 30 Sorten Kaffee zur Auswahl.

Küche von sauer bis süß: Hühnchen in Ingwer-Honig-Soße, galizisches Gulasch und Truthahn mit Mandeln. Zum Nachtisch munden Quarkspeisen und Mohntaschen. Kazimierz • ul. Szeroka 6 • Tram: Miodowa • Tel. 4 11 12 45 • www.klezmer.pl • tgl. 9–21.30 Uhr • €€

Cheder ▸ S. 121, E 7

Im Kulturzentrum • Im ehemaligen Bethaus stärkt man sich mit Original-Kaffee aus Israel und mit Wein von den Golan-Höhen. Der helle, mit viel Holz eingerichtete Raum dient zugleich als judaistische Bibliothek (viele englischsprachige Titel, WLAN); auch Filmvorführungen, Konzerte und Lesungen finden statt. Kazimierz • ul. Józefa 36/Eingang ul. Jakuba • Tram: Miodowa • Tel. 4 31 15 17 • www.cheder.pl • €€–€

POLNISCH

Wierzynek ▸ S. 118, C 4

Seit 1364 • Die Gastro-Tradition geht auf Herrn Wirsing (poln. »Wierzynek«) zurück, der hier anno 1364 ein Bankett für Europas gekrönte Häuser gab. In sozialistischer Zeit wurden im Haus hohe Staatsgäste bewirtet, heute trifft man sich zum formalen Dinner. Die Einrichtung ist vom Wawel-Schloss inspiriert: Wandteppiche, Kandelaberlüster und Kassettendecken schaffen ein königliches Ambiente. Dazu passt der »erhabene« Blick auf das Treiben des Marktplatzes. Ehrerbietige Kellner in historischem Kostüm servieren altpolnische Adelsküche mit Schwerpunkt Wild. Lockerer und preiswerter hingegen geht es im Café Wierzynek und im sommerlichen Hofgarten zu.

Stare Miasto • Rynek Główny 15 • Tram: Plac Wszystkich Świętych • Tel. 4 24 96 00 • www.wierzynek.com.pl • tgl. 13–23 Uhr • €€€

Chłopskie Jadło ✸✸ ▸ S. 121, D 6

»Bauernschmaus« • Vorneweg gibt's gratis Gänseschmalz und Frischkäse, den man sich aufs Brot schmiert. Dann füllt man sich die Schüssel mit Gemüse, das in Kübeln auf der Anrichte steht. Das alles ist nur das Vorspiel zum Hauptgericht: Bigos, Piroggen und Fleisch im Holztrog, bis man nicht mehr kann. Zum deftigen Essen passt das urige Ambiente und die schräge Folkmusik. Depen-

---

MERIAN-Tipp

RUBINSTEIN ▸ S. 121, E 7

Im Nachbarhaus wurde Helena Rubinstein geboren. Um dem Namen der Kosmetikkönigin gerecht zu werden, wird feine jüdisch-internationale Küche serviert. Backsteingewölbe, Natursteinmauern und Glasdächer sorgen für einen eleganten Rahmen. Von der großen Terrasse schaut man quer über den Hauptplatz von Kazimierz zur Remuh-Synagoge. Raffiniert schmeckt Entenfilet auf Spinat mit Blaubeeren und hinterher ein Minzsorbet, versenkt in einer ausgehöhlten Limette. Übrigens kann man im Rubinstein auch gut frühstücken. Zum Büfett, das für Gäste des Hotels Rubinstein aufgetischt wird, sind auch »Auswärtige« willkommen. Kazimierz • ul. Szeroka 12 • Tram: Miodowa • Tel. 384 00 00 • www.restauracja.rubinstein.pl • €€

dancen von Chłopskie Jadło befinden sich nahe dem Markt (ul. Grodzka 9 und ul. Jana 3).
Stare Miasto • ul. św. Agnieszki 1 • Tram: Stradom • Tel. 4 21 85 20 • www.chlopskiejadlo.pl • tgl. 12–22 Uhr • €€

Miód Malina ▶ S. 118, C 4

Mit süßen Einsprengseln • Unscheinbar ist der Eingang, prächtig das Innere: Die Barockgewölbe sind mit folkloristischen Motiven ausgemalt, Spitzendecken und frische Blumen sorgen für Landhausflair. Miód Malina (übersetzt: Honig-Himbeere) verleiht vielen Gerichten eine süße Note: Rote-Bete-Suppe (»barszcz«) wird mit Himbeeressig abgeschmeckt, die Lachsrolle liegt auf Brombeermousse, und die Lammkoteletts kommen mit Blaubeeren daher. Als Dessert darf Eis mit heißen Himbeeren nicht fehlen!

MERIAN-Tipp 2

ZAPIECEK POLSKIE PIEROGARNIE ▶ S. 118, C 3

Will man miterleben, wie Piroggen zubereitet werden, geht man zu »Oma«. Sie sitzt in einem ausgehöhlten Kachelofen, rollt resolut den Teig und schneidet runde Plätzchen aus, die sie unterschiedlich füllt: Egal, ob mit Schichtkäse, Brokkoli, Pflaumen oder Nüssen – alle Varianten schmecken gut und sind sehr günstig.
Stare Miasto • ul. Sławkowska 32 • Tram: Basztowa LOT • Tel. 4 22 74 95 • www.zapiecek. eu • €

Im Sommer öffnet ein Garten und auf dem Rynek (Nr. 10) die Dependance Wesele.
Stare Miasto • ul. Grodzka 40 • Tram: Plac Wszystkich Świętych • Tel. 4 30 04 11 • www.miodmalina.pl • tgl. 12–23 Uhr • €€

Pod Baranem ▶ S. 118, D 4

Wild in Landhaus-Ambiente • Trotz seiner Nähe zum Wawel ist das Restaurant nicht für Touristen herausgeputzt: Getrocknete Kräuter, die von der Balkendecke hängen, dunkles Holz und ein Kamin sorgen für gemütliches Ambiente. Köstlich schmeckt die Steinpilzsuppe im ausgehöhlten Brotlaib, danach Rehfilet mit Rote-Bete-Püree oder mariniertes Wildschweinfilet. Ein »piernik« aus Lebkuchenteig mit fruchtiger Schoko-Einlage könnte das Mahl beschließen.
Stradom • ul. św. Gertrudy 21 • Tram: Poczta Główna • Tel. 4 29 40 22 • www.podbaranem.com • tgl. 12–23 Uhr • €€

CAFÉS, SCHOKO- UND TEESTUBEN

Camelot ▶ S. 119, D 3

Ein unheiliger Ort in der Straße des hl. (ungläubigen) Thomas: Im Schatten der Markuskirche trifft sich ein buntes Völkchen, genießt hausgemachten Apfelkuchen und knusprige Baguettes. Pastellfarbene Gewölbe, Bilder naiver Künstler und Tischchen mit Spitzendecken sorgen auch drinnen für Originalität. Am Wochenende öffnet Loch Camelot, ein Keller-Kabarett. Im Sommer sitzt man auf der kleinen idyllischen Straßenterrasse.
Stare Miasto • ul. św. Tomasza 17 • Tram: Plac Wszystkich Świętych • tgl. 9–24 Uhr

Jama Michalika ❶   ▸ S. 119, D 3

Nicht nur eines der ältesten (1895), sondern auch eines der berühmtesten Cafés im Land. Künstler haben es als »Höhle« (poln. »jama«) gestaltet: Aus Tiffany-Lampen dringt Schummerlicht, Buntglasfenster zeigen Monster und Märchengestalten, und die Samtsessel sind so tief, dass man in ihnen versinkt. An der Wand hängen – im Dunkeln schwer zu erkennen – skurrile Gemälde.
Stare Miasto • ul. Floriańska 45 • Tram: Dworzec Główny • www.jama michalika.pl • tgl. 9–22 Uhr

Noworolski   ▸ S. 118, C 3

Unverändert aus Habsburger Zeiten: Säle mit goldenen Art-Nouveau-Ornamenten, Kristalllüstern und Kugellampen, weich gepolsterten Sofas und Stühlen. Obendrein befinden sie sich in den Tuchhallen und bieten – auch von den Open-Air-Sitzen unter den Arkaden – Ausblick auf die Marienkirche.
Stare Miasto • Sukiennice/Rynek Główny 1 • Tram: Plac Wszystkich Świętych • www.noworolski.com.pl • tgl. 9–20 Uhr

Pijalnia Czekolady Wedla
   ▸ S. 119, D 3

In Polens Traditionsconfiserie werden exquisite Pralinen und Trüffel verkauft. Im Lichthof kann man die Köstlichkeiten – nebst heißer, variantenreicher Schokolade – kosten.
Stare Miasto • Rynek Główny 46 • Tram: Plac Wszystkich Świętych • www.wedelpijalnie.pl • tgl. 9–22 Uhr

Pożegnanie z Afryką ✖
   ▸ S. 119, D 3

Im »Jenseits von Afrika« ist Kaffee Kult: Man sitzt auf kleinen, mit Sackleinen überzogenen Hockern und genießt frisch gemahlenen, in Porzellankännchen auf Stövchen servierten Kaffee – mehr als 30 Sorten stehen zur Wahl.
Stare Miasto • ul. św. Tomasza 21 • Tram: Plac Wszystkich Świętych • tgl. ab 10 Uhr

MILCHBARS & CO.

Natürlich gibt es auch in Krakau McDonald's, Burger King und Pizza Hut, doch ihnen machen originellere Fast-Food-Lokale Konkurrenz. Aus sozialistischer Zeit erhielt sich die Milchbar (»bar mleczny«), in der polnische Hausmannskost zu unschlagbar günstigen Preisen auf den Tisch kommt. Man bedient sich im Self-Service-System, solange der Vorrat reicht.

Pani Stasia   ▸ S. 119, D 3

Aus sozialistischen Tagen • »Frau Stasia« hat sich über alle Zeiten gerettet. Vor dem Hinterhoflokal bilden sich mittags Schlangen, denn hier schmeckt's genauso »wie zuhaus«. Gedrängt sitzen die Gäste an Plastiktischen vor reichlich gefüllten Tellern.
Stare Miasto • ul. Mikołajska 18 • Tram: Plac Wszystkich Świętych • Mo–Fr 12.30–15.30 Uhr • €

Polakowski   ▸ S. 121, E 6

Frisch-fröhlich • Der Allerweltsname verheißt unkomplizierte polnische Küche. Kellnerinnen in blütenweißer Schürze bedienen, frische Blumen und bunte Decken sorgen für ländlichen Charme.
Kazimierz • ul. Miodowa 39 • Tram: Miodowa • Tel. 4 21 21 17 • www.polakowski.com.pl • tgl. 9–22 Uhr • €

grüner
reisen

Wer zu Hause umweltbewusst lebt, möchte dies vielleicht auch im Urlaub tun. Mit unseren Empfehlungen im Kapitel grüner reisen wollen wir Ihnen helfen, Ihre »grünen« Ideale an Ihrem Urlaubsort zu verwirklichen und Menschen zu unterstützen, denen ein verantwortungsvoller Umgang mit der Natur am Herzen liegt.

Das »grüne Gewissen« ist unterentwickelt

Es grünt im Parkgürtel Planty, an den Weichselpromenaden und auf den »heidnischen Hügeln«. Vor den Toren Krakaus liegen Wälder und Kalksteinbrüche, Erholungsoasen für die Städter. Doch so grün Krakau auch sein mag, das grüne Gewissen der Bewohner ist unterentwickelt. Die meisten schwelgen in bunter Warenwelt mit aufwendiger Verpackung. Doch ihr Gaumen erinnert sie daran, dass nicht alles golden ist, was glänzt. Adam Chrząstowski, Chef des Restaurants Ancora, verdeutlicht den Qualitätsverlust an der berühmten Krakauer: »Früher stammte das Fleisch von Tieren, die auf der Weide standen und ohne Antibiotika auskamen. Es wurde im Naturdarm über Obstbaumholz geräuchert. Jetzt aber schmeckt die Krakauer wie fast alle Würste, fad ...« Laut Adam liege das daran, dass die EU ausschließlich Agrar-Großbetriebe subventioniert, Kleinbauern aber leer ausgehen lässt. »Dabei liefern gerade sie erstklassige Naturprodukte.« Immerhin gibt es in Krakau mittlerweile ein Ekocentrum und einen Klub Ekologiczny, in denen engagierte Menschen die Werbetrommel für alles Grüne rühren.

ESSEN UND TRINKEN

Ancora ▶ S. 121, D 5

Hier steht Adam Chrzaąstowski, der sein Handwerk bei europäischen Sterneköchen gelernt hat, hinterm Herd. Großen Wert legt er auf Produkte aus der Region: Fleisch von Biohöfen, erntefrisches Gemüse und Obst, Quark und Käse von Bergbauern. Seine Zubereitung ist schonend, dabei raffiniert. Wie wäre es mit gegrilltem Beef-Steak, darauf platziert ein Gänseleber-Medaillon? Und hinterher ein Schoko-Soufflé mit geschmolzenem Roquefort und Trauben-Chutney? Ungewöhnlich ist die riesige Weinauswahl (400 Weine, darunter viele Grand Cru), auch das helle, klare Ambiente macht beschwingt. Wer unbedingt »Krakau-Feeling« will, geht hinab in den Keller und speist im mittelalterlichen Gewölbe.
Stare Miasto • ul. Dominikańska 3/ Ecke Poselska • Tram: Plac Wszystkich Świętych • Tel. 3 57 33 55 • www. ancora-restaurant.com • tgl. 12– 22.30 Uhr • €€€

Chimera ▶ S. 113, C 3

Knackiges Grünzeug und gemütliches Ambiente: kein Wunder, dass Krakaus Salatmanufaktur stets gut besucht ist. Am Tresen stellt man sich die Portionen in Eigenregie zusammen und bestellt dazu einen frisch gepressten Saft bzw. einen Shake. Originell ist »kwas chlebowy litewski«, litauischer Sauerteigsaft, der entfernt nach Malzbier schmeckt. Schön sitzt man im verglasten Innenhof, genießt im Sommer wie im Winter das natürliche Licht. Da Artur, der Besitzer, kein orthodoxer Vegetarier ist, betreibt er im labyrinthischen Keller ein Restaurant, in dem auch klassisch Polnisches, d. h. Fleischiges, serviert wird. Am besten schmeckt freilich auch hier das Vegetarische, so die Waldpilzsuppe mit hausgemachtem Brot.
Stare Miasto • ul. św. Anny 3 • Tram: Teatr Bagatela • Tel. 4 23 21 78 • www.chimera.com.pl • tgl. 9–22 Uhr • €€–€

Green Way ▶ S. 119, D–E 3

Mit vegetarischen Gerichten zu günstigem Preis wurde Green Way eine der erfolgreichsten Gastroketten Polens. Die sparsam möblierte Filiale in der Krakauer Altstadt mag mit ihren grellen Farben – Grün und Gelb, Rot und Orange – etwas steril anmuten. Doch reißenden Absatz finden die Gemüse-Falafel und Spinatbällchen, Soja-Gerichte und gefüllte Samosas, Quiches und Enchilladas.
Stare Miasto • ul. Mikołajska 14 • Tram: Plac Wszystkich Świętych • Tel. 4 31 10 27 • www.greenway.pl • tgl. 10–22 Uhr • €

Momo Bar ▶ S. 121, D 6

Wie das Buch, dem es seinen Namen entlehnt, widersetzt sich Momo Fast Time und Fast Food. Obendrein ist das Lokal zwischen Altstadt und jüdischem Viertel Krakaus erster veganer Veggie. d. h. hier kommen keine tierischen Nebenprodukte wie Eier, Honig oder Milch auf den Tisch. Der Reis ist wild und die Pasta aus Vollkornmehl, es gibt viel Samen und Sprossen, wo möglich, kommen die Zutaten aus Bioanbau. Die Zubereitung ist indisch-fernöstlich inspiriert, sodass sich Scharfgewürztes auf der Karte findet, z. B. eine feurige Sambarsuppe. Für die gebotene Qualität günstig!
Kazimierz • ul. Dietla 49 • Tram: Stradom • Tel. 0 48/6 09 68 57 75 (Mobil) • tgl. 11–20 Uhr • €

Vega ▸ S. 118, B 3/S. 119, D 4

Mit antiken Sperrmüllstücken und weißen Spitzendeckchen, Trockenblumen und Kerzenlicht gibt sich das Lokal nostalgisch; die Musik ist eher esoterisch. Vega ist Programm: Es gibt Gemüseauflauf und -suppe, mit Rohkost gefüllte Pita und Crêpes sowie viel Salat, den man sich an der Theke selbst zusammenstellen kann. Die Filiale in der Krupnicza-Straße wird aufgrund der Nähe zum Audimax vor allem von Studenten besucht, in der Gertrudy-Straße ist das Publikum gemischt.
– Nowy Świat • ul. Krupnicza 22 • Tram: Teatr Bagatela • Tel. 4 22 34 94 • www.vegarestauracja.com.pl • tgl. 9–21 Uhr • €
– Stare Miasto • ul. Św. Gertrudy 7 • Tram: Św. Gertrudy

EINKAUFEN

The Earth Collection ▸ S. 119, D 3

Das Credo der dänischen Firma lautet: Wir lassen unsere Stoffe in Fabriken herstellen, die weder Flüsse noch Meere verschmutzen. Aus Naturfasern, meist Leinen-Baumwoll-Gemische und Seide, werden klassische, bequeme Outfits gefertigt. Die dezenten Farben sind von der Natur inspiriert. Verkauft wird auch Kunsthandwerk aus Bambus, Holz, Muscheln und Kokosfasern.
Stare Miasto • ul. Szpitalna 40/Ecke Pijarska • Tram: Dworzec Główny • www.theearthcollection.pl

Organic ▸ S. 119, E 2

Der kleine Laden im Untergeschoss der Galeria Krakowska führt fast ausschließlich Importware: Lebensmittel für Allergiker, Diabetiker und Menschen, die sich glutenfrei ernähren.
Stare Miasto • Pawia 5 • Tram: Dworzec Główny

Produkty Benedyktyńskie
▸ S. 121, D 7

Die Benediktiner aus dem Kloster Tyniec verkaufen nur Gesundes: Wurst von artgerecht gehaltenen Tieren, handgeschöpften Käse, Marmeladen mit hohem Fruchtanteil, Kräuter, Bio-Wein, Bier und allerlei Heilmittel.
Kazimierz • ul. Krakowska 29 • Tram: Stradom • www.benedicite.pl • Mo–Fr 9–18, Sa 9–14 Uhr

Rynek Kleparski ▸ S. 119, D 2

Seit über 900 Jahren existiert Polens ältester Markt. Zwar haben mittlerweile auch hier Früchte aus den Treibhäusern Spaniens, Hollands und Italiens Einzug gehalten. Doch daneben behaupten sich die Produkte lokaler Kleinbauern, hergestellt ohne Gentechnik, Pestizide und Insektizide. Verkauft werden sie von Frauen mit Kopftuch und Blumenschürze, die – wie die Ware – aus einer anderen Epoche zu stammen scheinen. Ihr Reich ist auch die Käseabteilung, wo sich weiße Berge stapeln. Angeboten werden »oscypek«, »podhalański« und »bryndza podhalańska«, Polens einzige Molkereiprodukte mit geschützter EU-Herkunftsbezeichnung. Sie stammen aus Podhale, dem Vorland der Hohen Tatra, wo eines der ältesten Hirtenvölker Europas zu Hause ist. Seit dem Mittelalter stellen die Góralen, wie die Bergbewohner heißen, »oscypek« her: Während der Sommerweide wird rohe, nicht pasteurisierte Schafsmilch im Kupferkessel erwärmt, die Sahne abgeschöpft und in einen Holzkübel gefüllt, wo sie durchgeknetet wird. Dann wird die elastische Masse in 20 cm lange, konische Behälter gefüllt, die im Rauchabzug der Küche aufgehängt werden. Nach drei bis vier Monaten ist der Käse reif:

Treffpunkt aller Generationen und Schichten: Die Salatbar Chimera (▶ S. 27) bietet viel Frisches – im Sommer auch Open Air im Innenhof.

Nun hat er eine feste Textur und eine bernsteinfarbene Rinde; der herbe Geschmack erinnert an geröstete Kastanien. Der milde Bruder des »oscypek« ist der halbweiche, durchlöcherte »podhalański«, der zu gleichen Teilen aus Schafs- und Kuhmilch besteht; der »bryndza podhalańska« erinnert an Feta-Käse, ist aber weicher und weniger salzig.
Kleparz • Plac Targowy • Tram: Basztowa LOT • www.starykleparz.com • tgl. 7–14 Uhr

AKTIVITÄTEN

Botanischer Garten (Ogród Botanincny)   ▶ S. 119, östl. F 3
Wer ins Grüne abtauchen will, ohne weit laufen zu müssen, ist hier an der richtigen Adresse. Der zur Universität gehörende Botanische Garten liegt nur wenige Gehminuten östlich der Altstadt, bietet aber so viel Romantik, dass man sich (fast) aufs Land versetzt fühlt: Man spaziert um einen von Trauerweiden gesäumten Teich, passiert Springbrunnen und Steingärten, schattige Haine und alte Bäume, darunter 200-jährige Jagiellonen-Eichen aus der Entstehungszeit des Gartens. Spaß macht auch der Gang durch die Gewächshäuser, in denen all jene Exoten wachsen, die viel Wärme und Feuchtigkeit benötigen, u. a. Orchideen, Kakteen und Palmen. Ein eigenes Treibhaus ist fleischfressenden Pflanzen gewidmet. An den Garten ist ein kleines Museum angeschlossen, das mit seinen klassizistischen Formen wie eine italienische Sommervilla anmutet.
Grzegórki • ul. Kopernika 27-A • Tram: Poczta Główna • Mai–Okt. tgl. 9–19, Gewächshäuser Sa–Do 10–18 Uhr

Einkaufen In nostalgischen kleinen Läden, auf
dem Markt und in modernen Einkaufspassagen lässt es
sich herrlich stöbern und so manches schöne Stück erste-
hen – lassen Sie sich überraschen!

◄ Poster aus verschiedenen Epochen locken Besucher in die Galerie von Krzysztof Dydo (▶ MERIAN-Tipp, S. 33).

Zwar gibt es auch in Krakau Einkaufspassagen nach westlichem Muster, doch typischer und origineller sind die vielen kleinen Läden, die sich oftmals über Generationen hinweg gehalten haben. Zentrale Einkaufsstraßen in der Altstadt sind die Floriańska und die Grodzka. Im jüdischen Viertel Kazimierz geht man in die Józefa, am benachbarten Plac Nowy findet am Sonntag ein kleiner Flohmarkt statt.

Originelles Kunsthandwerk

Krakau ist eine Fundgrube für Kunsthandwerk. In den Holzbuden der Tuchhallen (»Sukiennice«) ist Schönes aus allen Regionen Polens vereint. Aus der Hohen Tatra kommen Taschen, Gürtel und Schuhe, die aus dem Leder von Schafen hergestellt sind. Aus ihrer Wolle entstehen Pullover, die selbst im kältesten Winter warm halten. Mundgeblasene Glaswaren kommen aus dem Riesengebirge und filigran geklöppelte Spitzen aus den Beskiden. Wer Keramik mag, hat die Wahl zwischen dem unverwüstlichen, blau glasierten »Bunzlauer Geschirr« und kaschubischen Tonwaren mit Pfauenmuster. Schmuck gibt es in allen Formen und Farben, aus Silber und Gold, am begehrtesten ist er aus baltischem, honigfarben schillerndem Bernstein.

ANTIQUARIATE & BUCHLÄDEN

Krakau, die »gelehrte« Stadt, ist voll von Büchern aller Epochen. Besonders reich ist der Fundus deutsch-

sprachiger Titel – ein Überbleibsel aus der langen habsburgischen Besatzungszeit. Die besten Antiquariate sind:

Antykwariat Naukowy

▶ S. 119, D 3

Stare Miasto • ul. Sławkowska 6 • Tram: Basztowa LOT • www.antkrak.krakow.pl

Antykwariat Rara Avis

▶ S. 119, D 3

Stare Miasto • ul. Szpitalna 7 • Tram: Dworzec Główny • www.raraavis.krakow.pl

Empik

▶ S. 119, D 3

Bildbände, Landkarten, Reiseführer, Sachliteratur und Belletristik, frisch eingeflogene Tageszeitungen, CDs und DVDs in Hülle und Fülle. Auf drei Stockwerken kann man nach Herzenslust stundenlang herumstöbern. Im zweiten Stock wurde ein kleines Literaturcafé eingerichtet. Stare Miasto • Rynek Główny 5 • Tram: Plac Wszystkich Świętych • www.empik.com

Massolit Books

▶ S. 120, B 5

Ein paar Gehminuten vom Wawel entdeckt man diese bibliophile Oase. Hier kann man stundenlang stöbern und schmökern, die meisten Bücher sind auf Englisch, es gibt aber auch eine gute Auswahl auf Deutsch erschienener Romane polnischer Autoren, neu und secondhand. Nowy Świat • ul. Felicjanek 4 • Tram: Filharmonia • www.massolit.com

Music Corner

▶ S. 118, C 4

Zweifellos Krakaus bester Laden für zeitgenössische polnische Musik. Hier findet man Platten von Klassik-

Mode, Kosmetik, Elektronik, Gastronomie: Die Galeria Krakowska (▸ S. 33) hat auf zwei Ebenen und rund 60 000 qm Verkaufsfläche alles unter einem Dach.

Komponisten wie Górecki, Penderecki und Lutosławski, Jazz-Sängerinnen wie Ewa Demarczyk und Edyta Górniak und bekannten Filmmusikern. Die junge Szene ist mit Ethno-Rock à la »Brathanki« vertreten, die Punk- und Hardrock-Fraktion mit Kultbands wie »Proletaryat«.
Stare Miasto • ul. Św. Tomasza/pl. Szczepański • Tram: Plac Wszystkich Świętych • www.musiccorner.pl • Mo–Sa 11–20 Uhr

KUNST & KURIOSA

Die Altstadtmauer am Florianstor ist das ganze Jahr mit vollbusigen Frauenakten, Porträts wilder Männer und üppigen Stillleben tapeziert – gemalter Kitsch als Meterware. Unter Pseudonym verdient sich hier manch ein Maler seinen Lebensunterhalt, damit er seine »richtigen« Werke malen und in Galerien ausstellen kann.

Galeria Bukowski   ▸ S. 119, D 4

Nicht nur für Kinder ein Vergnügen: Im »ersten polnischen Königreich der Teddybären« gibt es das Kuscheltier in allen Größen, Formen und Farben.
Stare Miasto • ul. Sienna 1 • Tram: Poczta Główna • www.galeria bukowski.pl

Galeria d'Art Naïf   ▸ S. 121, E 7

Eine kleine Galerie mit großen Naiven entdeckt man in der Einkaufsmeile des jüdischen Viertels Kazimierz: Hier hängen neben Werken berühmter Künstler wie Nikifor, Ociepka und Herodek preiswertere Gemälde weniger bekannter Maler.
Kazimierz • ul. Józefa 11 • Tram: Plac Wolnica • www.artnaive.sky.pl

SCHÖNES FÜR DEN KÖRPER

L'Occitane ► S. 118, C 4

Kräuter, Öle und Blütenessenzen aus der Provence, verarbeitet zu einer kompletten Pflegeserie. Die Lotionen, Shampoos und Rasierwasser gibt es auch in Mini-Flaschen.
Stare Miasto • Rynek Główny 13 • Tram: Plac Wszystkich Świętych

Podlasek ► S. 118, C 4

Kurz nach der Wende eröffnet, gilt der Familienbetrieb längst als Traditionsladen: Von polnischen Designern entworfene, weichfließende Kleidung aus Naturstoffen wie Leinen, Seide und Wolle.
Stare Miasto • ul. Wiślna 9 •Tram: Filharmonia • www.podlasek.com.pl

Red Rubin ► S. 120, C 6

Alles aus Bernstein: Schmuck, der aussieht, als hätten ihn »Meerjungfrauen getragen«, außerdem Manschettenknöpfe, Briefbeschwerer, Schachspiele und schimmernde Tiffany-Lampen. Besucher dürfen den Bernstein auf seine Echtheit testen!
Stare Miasto • ul. Grodzka 25 • Tram: Plac Wszystkich Świętych • www.redrubin.pl

SHOPPINGMALLS

Fast alle Krakauer erledigen ihre Besorgungen in Einkaufszentren, denn diese bieten alles, was das Herz begehrt, unter einem Dach – vom Supermarkt über Mega-Kinos und Bistros bis zu Markenläden. Und ganz wichtig: Parken ist kein Problem! Nur zu Fuß erreichbar ist die Nobel-Passage am großen Marktplatz Nr. 13 – mit einer fantastischen Delikatessen- und Weinabteilung im Untergeschoss!
Die besten Shoppingmalls:

Galeria Krakowska ► S. 119, E 2

Stare Miasto • ul. Pawia s/n • Tram: Dworzec Główny • www.galeria-krakowska.pl.

Galeria Kazimierz
 ► S. 121, östl. F 7

Kazimierz • ul. Podgórska 34 • Tram: Miodowa • www.galeriakazimierz.pl

Krakow Plaza ► S. 119, östl. F 3

Dąbie • al. Pokoju 44 • Tram: Kraków Plaza • www.krakowplaza.pl

Pasaż Handlowy 13 ► S. 118, C 4

Stare Miasto • Rynek Główny 13 • Tram: Plac Wszystkich Świętych • www.delikatesy13.pl

ÖFFNUNGSZEITEN

Einkaufszentren sind selbst am Sonntag geöffnet (Mo–Sa 10–22, So 10–20 Uhr); kleinere Läden gewähren Einlass Mo–Fr 10–17 bzw. 19 Uhr, schließen samstags aber bereits um 13 Uhr.

MERIAN-Tipp **3**

GALERIA PLAKATU KRZYSZTOF DYDO ► S. 119, D 4

In Polen wurde das erste Poster-Museum eröffnet und seine Grafiker begründeten eine originelle Polnische Plakatschule. Die besten Werke der letzten Jahrzehnte – fern jeder Warenästhetik, poetisch und skurril – können Sie in der Galerie des sympathischen Herrn Dydo anschauen und natürlich auch kaufen. Wohl nirgends erhalten Sie Druckgrafiken zu einem günstigeren Preis!
Stare Miasto • ul. Stolarska 8–10 • Tram: Plac Wszystkich Świętych • www.postergallery.art.pl

Am Abend Nicht nur der Blues spielt im Osten, auch heißer Jazz und fetziger Klezmer sind hier zu Hause. Besonders rege ist die Musik- und Kneipenszene in der Altstadt und im jüdischen Viertel Kazimierz.

◄ Eine Hommage an die Zeit vor dem Mauerfall: die Bar Propaganda in Kazimierz (► MERIAN-Tipp, S. 35).

Allwöchentlich öffnet irgendwo in Krakau eine neue Bar, und jede hat ihre eigene, persönliche Note. Die Besitzer, oft zurückgekehrte Exil-Polen aus London und Paris, Wien und Berlin, mischen Interieurs ihrer Ex-Wahlheimat mit Krakauer Lokalkolorit. So entstehen Chill-out-Lounges und »irische« Pubs, Tapas-Bars und Beisl.

Eine echte Krakauer Spezialität sind dagegen die »Kneipen unter Tage«. Eine Barbetreiberin scherzt: »Warum es bei uns so viele Kellerkneipen gibt? Ist doch klar: Die Miete ist niedrig, und man spart Geld für Heizung und Strom.« Da fast die gesamte Altstadt mit mehrgeschossigen Gewölben aus dem Mittelalter unterkellert ist, gibt es genug Raum für schräge Ideen.

Großer Beliebtheit erfreuen sich die Jazzlokale, deren Repertoire von traditionell bis schräg, deren Interieur von schummrig bis edel reicht.

Für den, der es lieber klassisch mag, hält Krakaus Kulturinformation (► S. 109) eine Übersicht aller Konzerte und Theateraufführungen bereit. Oft kann man hier auch die Eintrittskarten kaufen. Wichtige Termine bietet die Freitagsbeilage »Co jest grane« der Zeitung »Gazeta Wyborcza«.

Informationen vor der Reise erhält man unter www.cracow-life.com und www.karnet.krakow.pl.

BARS UND KNEIPEN

Alchemia   ► S. 121, E 7

Die Kultkneipe am »Neuen Platz« von Kazimierz – man fühlt sich hier beinahe in eine Wohnstube aus sozialistischer Zeit versetzt. Jesusbildchen und vergilbte Fotos hängen an der Wand, unterm Entlüftungsrohr steht Omas altmodische Anrichte. Öffnet man eine unscheinbare Schranktür, entdeckt man sogar ein Separee zum Abtauchen.
Kazimierz • ul. Estery 5/pl. Nowy • Tram: Plac Wolnica • www.alchemia. com.pl • tgl. 10–3 Uhr

Paparazzi   ► S. 119, D 3

Der Barkeeper Andrzej hat sein Handwerk in London gelernt: edle Cocktails, serviert an einer langen Bar, im Hintergrund Schwarz-Weiß-Fotos von den Schönen und Reichen der Welt. Gutes Essen und freundlicher Service.
Stare Miasto • ul. Mikołajska 9 • Tram: Dworzec Główny • www. paparazzi.com.pl • Mo–Fr 12–1, Sa–So 16–1 Uhr

MERIAN-Tipp

PROPAGANDA   ► S. 121, E 6

Als das Propaganda Mitte der 1990er-Jahre öffnete, hielt man es für eine Totgeburt. Mittlerweile gibt es Kneipen im ganzen Land, die sich »Roter Oktober« oder »Revolution« nennen. Gestylt sind sie ähnlich wie der Krakauer Pionier: Aus dem Volksempfänger erklingen Schlager der 1950er-Jahre, von der Decke hängt ein halber Trabi, und die Wände sind mit sozialistischen Straßenschildern tapeziert.
Kazimierz • ul. Miodowa 20 • Tram: Miodowa • So–Do 11–24, Fr–Sa 11–3 Uhr

Pod Baranami   ▸ S. 118, C 3

»Unter den Widdern« heißt Polens bekanntestes Kellerlokal: Über 40 Jahre wurden hier die Messer der Satire gewetzt, heute mehrmals wöchentlich eine Party, oft Livemusik.
Stare Miasto • Rynek Główny 27 • Tram: Plac Wszystkich Świętych • www.piwnicapodbaranami.krakow.pl • tgl. 16–4 Uhr

---

MERIAN-Tipp ◆ 5

KLEZMER

»Klesorim« hießen jüdische Wandermusikanten, die auf Festen und Hochzeiten spielten: ausgelassene Tanzmusik und ekstatische Chassiden-Stücke, Zigeuner- und Balkanweisen. Mit Geige, Klarinette und Kontrabass schufen sie eine ganz eigene Folklore. In Krakau wird die lang vergessene Tradition wieder entdeckt, im Viertel Kazimierz bieten mehrere Lokale Klezmer-Musik live (Arka Noego und Klezmer Hois). Die Konzerte beginnen gegen 20 Uhr; auf Wunsch kann man sie mit einem jüdischen Abendessen verbinden.
Die besten Klezmer-Lokale:

Ariel   ▸ S. 121, E 7
Kazimierz • ul. Szeroka 17–18 • Tram: Miodowa

Arka Noego   ▸ S. 121, E 7
Kazimierz • ul. Szeroka 2 • Tram: Miodowa

Klezmer Hois   ▸ S. 121, E 7
Kazimierz • ul. Szeroka 6 • Tram: Miodowa

Muzeum Galicja   ▸ S. 121, F 7
Kazimierz • ul. Dajwór 18 • Tram: Miodowa

CLUBS UND DISCOS

Cień Klub   ▸ S. 119, D 3

»Sitzen Sie nicht im Hotel herum! Genießen Sie Krakaus vibrierendes Nachtleben!« So steht's in der Werbung des »Schatten-Clubs«: House und Hip-Hop dominieren, die »barlads« und »maids« werden nach ihrer Schönheit ausgesucht.
Stare Miasto • ul. św. Jana 15 • Tram: Basztowa LOT • www.cienklub.com • Mi–Do 19–3, Fr–Sa 19–6 Uhr

Ministerstwo   ▸ S. 119, D 3

»Polens einziges Ministerium, das funktioniert«, spotten die Polen. Am Wochenende ist es im mittelalterlichen Backsteingewölbe brechend voll, 600 Leute tanzen zu elektronischen Rhythmen, House und Drum 'n' Bass. Meist Eintritt frei.
Stare Miasto • ul. Szpitalna 1 • Tram: Dworzec Główny • www.klubministerstwo.pl • tgl. 18–1 Uhr

MUSIKLOKALE

Jazz und Crossover   2

Seit mehr als 50 Jahren ist Jazz das Lebenselixier der Krakauer, deshalb bietet so manch ein Lokal sogar mehrmals wöchentlich Livemusik.

Harris Piano Jazz Bar   ▸ S. 118, C 3

Am Eingang dieses beliebten Jazzclubs grüßt die Skulptur eines Jazzmusikers die Gäste. Angenehme Atmosphäre, häufig Livemusik, Piano, Saxofon und oft auch Gesang.
Stare Miasto • Rynek Główny 28 • Tram: Plac Wszystkich Świętych • tgl. 10–2 Uhr

Piano Rouge   ▸ S. 119, D 3

Im Jazzclub an der Nordseite des Marktplatzes gibt es fast jeden Tag Livemusik – und ein feines Dinner.

Jazz liegt in Krakau in der Luft. Ein angenehmer Ort, um einen entspannten Abend bei Livemusik zu verbringen, ist die Harris Piano Jazz Bar (▶ S. 36).

Stare Miasto • Rynek Główny 46 • Tram: Plac Wszystkich Świętych • www.thepianorouge.com • tgl. 12–2 Uhr

Piec' Art ▶ S. 118, C 3

Etwas versteckt: edel gestylte Jazzbar, in der vor allem mittwochs Musiker auftreten, zu Gast waren schon Größen wie Nigel Kennedy und Steve Logan.
Stare Miasto • ul. Szewska 12 • Tram: Teatr Bagatela • www.piecart.pl • tgl. 11–24 Uhr

Stalowe Magnolie ▶ S. 119, D 3

»Stahlmagnolien«: schmiedeeiserne Blumenornamente weisen den Weg in ein rot-violett gestyltes Interieur. Außer Jazz spielt man auch live Latino, Rock und Vocal Hits.
Stare Miasto • ul. św. Jana 15 • Tram: Basztowa LOT • www.stalowe magnolie.com • tgl. 18–3 Uhr

OPER UND THEATER

Krakauer Oper/Opera Krakowska ▶ S. 119, F 3

Das architektonisch eher nüchtern wirkende neue Opernhaus befindet sich 500 m östlich des Bahnhofs.
Wesoła • ul. Lubicz 48 • Tram: Lubicz • Tel. 2 96 61 00 • www.opera.krakow.pl

Słowacki-Theater/Teatr im. Słowackiego ▶ S. 119, D 3

▶ MERIAN-Tipp, S. 62

Szymanowski-Philharmonie/ Filharmonia im. K. Szymanowskiego ▶ S. 118, B 4

An der Philharmonie spielt das »Krakauer Orchester«, 1989 von Starkomponist Krzysztof Penderecki gegründet und in der Fachpresse als »hoch motiviertes Elite-Ensemble« gelobt.
Nowy Świat • ul. Zwierzyniecka 1 • Tram: Filharmonia • Tel. 4 22 94 77 • www.filharmonia.krakow.pl

Feste und Events
Ein Festival folgt auf das nächste: mal frech, mal fromm, mal traditionell und mal avantgardistisch. Kunst und Musik stehen dabei stets im Vordergrund.

◄ Beim Lajkonik-Umzug (▶ S. 39) wird Polens Sieg über die Tataren im Jahr 1241 gefeiert.

MÄRZ/APRIL

Misteria Paschalia

Herausragende Interpreten aus aller Welt präsentieren geistliche Musik zur Osterzeit: Oratorien und Opernarien in historischen Räumen und im Salzbergwerk Wieliczka.

Ostern • www.misteriapaschalia.pl

Śmingus Dingus, Emaus & Rękawka

Am Ostermontag trauen sich viele Krakauer nicht aus dem Haus: Jugendliche besprühen auf den Straßen Passanten mit Wasser – das symbolische Abstreifen der Sünden wird zur Spritzorgie. Derweil findet am Kloster der Norbertanerinnen ein großer Jahrmarkt statt; einen Tag später wird am Fuß des Krak-Hügels im Viertel Podgórze der Frühlingsbeginn gefeiert.

Ostermontag

MAI

Photomonth

Die themenbezogenen Ausstellungen sind über viele Galerien der Stadt verstreut, auch bekannte ausländische Künstler sind eingeladen. Veranstalter ist die Galerie ZPAF in der ul. Tomasza 24.

Vorerst Mai • www.photomonth.com

Juwenalia

Drei Tage »gehört« die Stadt den Studenten: Überall in der Altstadt finden kleine Feste statt, in die Passanten einbezogen werden; die Kneipen sind bis zum Morgengrauen rappelvoll.

Mai • www.juwenalia.krakow.pl

MAI/JUNI

Drachenparade

Vom Marktplatz zieht eine Prozession knallbunter Riesendrachen zur Weichsel am Fuß des Wawel, wo ein großes Open-Air-Fest steigt.

Ende Mai/Anfang Juni • www.paradas mokow.pl

Internationales Filmfestival

Seit über 50 Jahren werden Kostproben aus aller Welt gezeigt. Aufführungsorte sind das Kino Kijów westlich und Mirko nördlich der Altstadt.

Ende Mai/Anfang Juni • www.cracow filmfestival.pl

JUNI

Lajkonik-Umzug

Eine Woche nach Fronleichnam zieht der »Khan« der Tataren, begleitet von einer großen Menschenmenge, in die Stadt. Alle, die er mit seinem magischen Stab berührt – so erzählt es wenigstens die Legende –, werden Glück in der Liebe und im Geschäft haben.

Eine Woche nach Fronleichnam • www.mhk.pl

Johannisnacht- oder Sonnwendfeier – Wianki ⭐

Am Fuß des Wawel werden mit Kerzen geschmückte Blumenkränze in die Weichsel gelassen. Wenn sie auf den Wellen dahingleiten, erscheint der Fluss als fantastischer Lichterstrom. Anschließend Feuerwerk.

Um den 23. Juni • www.wianki. krakow.pl

Sommerfestival der Krakauer Oper

Mit den interessantesten Aufführungen der Krakauer Opernszene

MERIAN-Tipp   6

JÜDISCHES FESTIVAL
▶ S. 121, E 6/7

Ende Juni kommen Musiker aus aller Welt, um zu zeigen, wie vital jüdische Musik ist. Der Bogen spannt sich vom Chor der Großen Jerusalemer Synagoge über Hasidic New Wave bis zu fetzig-meschuggen Rhythmen von Klezmer Madness. Doch damit nicht genug: Workshops laden ein, jiddisch sprechen, kochen und tanzen zu lernen, Ausstellungen machen mit vergangenen und neuen Kunstformen vertraut. In den Synagogen werden historische und zeitgenössische Filme gezeigt, die sich mit dem Judentum und mit Israel auseinandersetzen. Höhepunkt ist das Abschlussfest »Shalom« auf der Szeroka, bei dem die ganze Nacht gefeiert wird.
Ende Juni • www.jewish festival.pl

aus mehreren Gastauftritten. Den attraktiven Schauplatz bilden Wawelburg und neue Oper.
www.opera.krakow.pl

Internationales Festival der Straßentheater

Auf dem Marktplatz zeigen Virtuosen aus aller Welt ihr Können: Bauchredner und Jongleure, Pantomimen, Komiker und Feuerschlucker. Luftakrobaten schwingen auf Riesenstelzen wie Pflanzen im Wind und lassen sich von einer Hauswand zur nächsten pendeln.
www.teatrkto.pl

Sommer-Jazzfestival

Im bekanntesten Keller-Cabaret Polens, »Unter den Widdern« (Pod Baranami), gibt es fast jeden Abend Konzerte, darunter auch Auftritte internationaler Stars.
www.cracjazz.com

Sommerliche Orgelkonzerte in Tyniec

Jeden Sonntag finden in der auf einer Weichselklippe thronenden Benediktinerabtei Orgelkonzerte statt. Man kann das Kloster auch per Schiff erreichen.
Jeden Sonntag

Musik im Alten Krakau

Eines der traditionsreichsten Festivals in Polen: In Kirchen, Schlössern und Palästen treten renommierte internationale Ensembles auf.
www.capellacracoviensis.pl

Bajit Chadasz

Das Jüdische Kulturzentrum präsentiert bei diesem jährlich veranstalteten Festival Musik, Kunst und Filme sowohl aus der Diaspora als auch aus Israel.
September/Oktober • www.jewish. org.pl

Orgelfestival

In der zweiten Monatshälfte finden in Krakaus alten Kirchen stimmungsvolle Orgelkonzerte statt.
September

Sacrum + profanum

Originelles Festival zeitgenössischer Musik, das dem hochkarätigen »Warschauer Herbst« den Rang abläuft. Die Palette reicht von

»Kraftwerk«-Songs bis zu Opern von Heiner Goebbels in der Schindler-Fabrik.
September • www.sacrum profanum.pl

NOVEMBER
Allerheiligen & Allerseelen
In der Halloween-Nacht zum 1. November machen »Geister« die Straßen unsicher. Tags darauf trifft sich halb Krakau auf dem Friedhof, um bei Kerzenschein und heißem Grog der Toten zu gedenken.
31. Oktober–1. November

Jazz zu Allerseelen
Musikalischer Höhepunkt im November ist »Jazz zu Allerseelen« (»Zaduszki Jazzowe«). Dazu werden prominente Künstler aus Polen und den Nachbarländern eingeladen.
2. November • www.krakow skiezaduszkijazzowe.xt.pl

DEZEMBER
Weihnachtsmarkt & Krippenwettbewerb
In den Adventswochen findet auf dem Rynek Polens schönster Weihnachtsmarkt statt: Man stärkt sich mit Glüh- und Honigwein, Lebkuchen und Spekulatius, schnuppert Tannenbaumduft und lässt sich von der schummrigen Beleuchtung verzaubern. Höhepunkt ist der Wettbewerb der Weihnachtskrippen am 24. Dezember: Rund um das Mickiewicz-Denkmal werden fantastische Architekturgebilde ausgestellt. Sie strahlen in den schillerndsten Farben und bizarrsten Formen – nicht die Bibel, sondern alle Märchen des Orients werden hier lebendig. Anschließend werden die schönsten Krippen (»szopki«) im Historischen Museum (▶ Museen und Galerien, S. 71) ausgestellt.
Ab 1. Advent • www.mhk.pl

Wer mehr über jüdische Kultur von Sprache über Küche bis Musik erfahren möchte, sollte Ende Juni zum Jüdischen Festival (▶ MERIAN-Tipp, S. 40) kommen.

Familientipps
Eine Fahrt im Fiaker, Aufstieg zu Kirchenglocken und ein Besuch beim Drachen bringt Kindern viel Spaß. Außerdem gibt es geheimnisvolle Hinterhöfe und Kellerverliese zu entdecken.

◄ Macht besonders Kindern Spaß: eine Kutschfahrt (► S. 43) rund um den Großen Markt und durch die Altstadt.

Aquarium ► S. 121, D 6

Hier fühlt man sich an Kapitän Nemos Wasserreich erinnert: Durch dunkle Grotten gleiten Mantas und Engelshaie, Seepferdchen verhaken sich in farbenprächtigen Korallen. Zu sehen sind Bewohner aus dem Roten Meer, dem Stillen und dem Indischen Ozean. Die Räume sind von Meeresgeräuschen erfüllt, sodass man sich fast als Seebewohner fühlt. In separaten Aquarien schwimmen Süßwasserfische aus afrikanischen Seen.

Das Aquarium ist an das Naturkundemuseum (Muzeum Przyrodnicze PAN) angeschlossen.

Nowy Świat • ul. św. Sebastiana 9 • Tram: Filharmonia • www.akwarium krakow.pl • Mo–Do 9–17, Fr–So 9–18 Uhr • Eintritt 5 €, Kinder 3,50 €

Aus der Vogelperspektive

Schon der Aufstieg ist ein Abenteuer: Über knarrende Dielen und abgewetzte Steinstufen geht es in schwindelerregende Höhen hinauf, dorthin, wo die Glocken hängen und man die Stadt aus der Perspektive eines Vogels sieht. Möglich ist dies in der Marienkirche, im Rathausturm und in der Wawel-Kathedrale.

Elektrowagen ► S. 118, D 2

Gaudi versprechen die offenen Mini-Elektrowagen. Sie sind dem Papa-Mobil abgeschaut und pesen lautlos durch die Altstadt. Geparkt sind sie im Schatten der Marienkirche.

Tickets beim Fahrer oder im Reisebüro Jordan • ul. Pawia 8

MERIAN-Tipp 7

WAWEL-DRACHE ► S. 120, C 6

Ein Besuch beim Feuer speienden Drachen gefällt vor allem kleinen Kindern: Das Monster steht am Fuß des Wawel, dort, wo es einst aus der Höhle fuhr, um junge Frauen zu verspeisen. Die Legende erzählt, dass ein pfiffiger Mann einen guten Rat wusste: Er füllte ein ausgeweidetes Schaf mit Pech und Schwefel und warf es dem Monster zum Fraße vor. Der Drachen verschlang das tote Tier und ward kurz darauf von so großem Durst gepeinigt, dass er von der Weichsel trank, bis er in tausend Stücke zerbarst …

Gern turnen Kinder am Bronzedrachen, der zu ihrer Freude im Minutentakt echtes Feuer spuckt. Im Sommer kann man auch in die Höhle hinabsteigen, in der das Monster hauste. Viel Gaudi verspricht die Drachenparade Ende Mai (► Feste und Events, S. 39).

Wawel • Tram: Wawel • Höhle: im Sommer tgl. 10–17 Uhr

Fiaker

In einem weißen Fiaker, von Schimmeln gezogen im Trab durch Krakau: Die klassische Tour führt einmal rings um den Marktplatz, dann die ul. Grodzka bzw. Kanonicza entlang zum Wawelberg und auf Wunsch weiter ins jüdische Viertel Kazimierz.

Standort: Nordwestecke Marktplatz • 1 Std. Fahrt (bis zu 4 Pers.) ca. 30 €

👫 Weitere Familientipps sind durch dieses Symbol gekennzeichnet.

Pracht aus Mittelalter und Renaissance:
Blick auf die Altstadt von Krakau mit der
Burganlage Wawel (▶ S. 74), beides
UNESCO-Weltkulturerbe.

Unterwegs **in Krakau**

Krakau macht es den Besuchern leicht, seine Schönheit zu entdecken. Die historische Altstadt ist gut erhalten – in den verkehrsberuhigten Gassen genießt man das lebendige, beschwingte Ambiente.

Sehenswertes

Hundert Kirchen, der Große Markt mit den Tuchhallen und viele Synagogen ziehen Besucher in ihren Bann. Krakau hat viel zu bieten! Und jedes Jahr eröffnet ein neues Museum ...

Sehenswerte

◄ Vom vielen Anfassen ganz blank: eine Hand am Denkmal von Polens Nationaldichter Adam Mickiewicz (► S. 57).

Krakau wartet mit einer Fülle von Sehenswürdigkeiten auf, doch fast alles ist zu Fuß erreichbar – deshalb werden im Folgenden nur da, wo es sinnvoll ist, öffentliche Verkehrsmittel genannt. Für das touristische Minimalprogramm – Altstadt, Wawel, Kazimierz – benötigt man ein Wochenende; um alles in Ruhe anschauen zu können, mindestens eine Woche.

Die Eintrittspreise für Sehenswürdigkeiten sind im Vergleich zu Westeuropa noch niedrig; wo sie 2 € übersteigen, werden sie angegeben. Kirchen haben in der Regel von frühmorgens bis abends geöffnet, viele Sehenswürdigkeiten bleiben am Montag geschlossen. An einem Tag in der Woche gibt es freien Eintritt.

Krakau ist mehr als 1000 Jahre alt und wurde durch Kriege nur wenig in Mitleidenschaft gezogen. Weil die Stadt von Anfang an eine »königliche« Stadt war, hat jede Generation behutsam an ihrer Verschönerung gefeilt, bis sie zu jener »Perle« wurde, als die sie heute erscheint. Bauten von der Romanik bis zur Neuen Sachlichkeit sind präsent, besonders stark vertreten ist die Renaissance, in deren Zeit die Stadt Krakau ihr »goldenes Zeitalter« erlebte.

SEHENSWERTES

Adalbertkirche/Kościół św. Wojciecha   ► S. 118, C 4

Die winzige Kirche auf dem Marktplatz präsentiert sich barock, doch ist sie romanischen Ursprungs. Laut Legende soll just an dieser Stelle im Jahr 977 Bischof Adalbert gepredigt haben, bevor er als Missionar ins Baltikum aufbrach. Doch die heidnischen Pruzzen ließen sich nicht missionieren und töteten den Bischof, woraufhin er erst zum Märtyrer, dann zum Heiligen erklärt wurde. Aus der Zeit Adalberts stammen Relikte einer präromanischen Kapelle im Untergeschoss der Kirche, auch informiert dort eine Ausstellung darüber, wie der Marktplatz vor 1000 Jahren aussah.
Stare Miasto • Rynek Główny • Tram: Plac Wszystkich Świętych

Alte Synagoge/ Stara Synagoga   ► S. 121, E 7

Bima !

Mit ihrer Backsteinfassade erscheint Polens älteste Synagoge (15. Jh.) äußerlich als abweisende Trutzburg, doch ihr Innenraum ist prachtvoll: Ein hohes Rippengewölbe thront auf 2 eleganten Pfeilern, in der Mitte der Halle steht eine filigrane Bima, ein Lesepult, von dem einst der Rabbi die Thora verlas. Außer sakralen Kultgegenständen werden Gemälde berühmter jüdischer Maler, u. a. Maurycy Gottlieb, ausgestellt; historische Fotos zeigen das jüdische Viertel Kazimierz im 19. Jh. Kurios ist ein alter Brauch, der in der Alten Synagoge praktiziert wurde und sich mit dem des christlichen Turmbläsers in der Marienkirche verband: Während am Ende des Laubhüttenfests Juden in aller Welt ihre Synagoge siebenmal singend umtanzten, unterbrachen die von der Alten Synagoge abrupt die letzte Runde und rezitierten Psalmen – eine Erinnerung an die Erstürmung der Synagoge durch die Tataren.
Kazimierz • ul. Szeroka 24 • Tram: Miodowa • Mo 10–14, Di–So 10– 17 Uhr • Eintritt 2 €

Altes Theater/Stary Teatr
▸ S. 118, C 3

Auch architektonisch gilt das Theater als eines der führenden in ganz Polen. Es wurde 1799 errichtet, doch später erhielt es eine Jugendstilfassade mit einem Fries, das ineinander verschlungene Figuren und Ornamente zeigt. Vor jeder Theatervorführung kann man sich in einem kleinen Museum über die Geschichte des Hauses informieren.

Stare Miasto • ul. Jagiellońska 1 • Tram: Dworzec Główny • www.stary-teatr.pl

Andreaskirche/Kościół św. Andrzeja
▸ S. 121, D 6

Gleißend hell ist die romanische Kirche, die um 1079 aus unverputztem Stein am Königsweg errichtet wurde. Viele Male bot sie den Krakauern Schutz: Als die Tataren die Stadt 1241 überrannten, war sie die einzige, die nicht eingenommen werden konnte. Ihre Mauern sind zuweilen über 1,60 m dick und schirmen das Innere festungsartig ab. An der Westfassade erheben sich zwei Türme mit Schießscharten. Auch die schmucklosen, gerundeten Fensteröffnungen betonen den Wehrcharakter: Sie sind so hoch platziert, dass man durch sie nicht in das Gotteshaus eindringen kann. Zur Überraschung des Besuchers entspricht der Innenraum der Kirche nicht dem abweisend-asketischen Äußeren: Er schwelgt in üppigem Barock, originell ist die Kanzel in Form eines Boots. Die Schatzkammer im benachbarten Kloster bewahrt Kostbarkeiten aus 1000 Jahren, darunter ein Mosaik aus dem 12. Jh., Reliquien und Krippenfiguren.

Stare Miasto • ul. Grodzka 54 • Tram: Plac Wszystkich Świętych

Annenkirche/Kościół św. Anny
▸ S. 118, C 3

Seit Jahrhunderten ist die Kirche neben dem Collegium Maius das Gotteshaus der Akademiker. Von Hofarchitekt Tylman van Gameren 1689 bis 1703 gestaltet, präsentiert sie sich außen und innen in schönstem Barock, wartet auf mit viel Stuck, geschwungenen Formen und einer großen Kuppel mit illusionistischen Malereien. Die Orgel, die noch aus der Zeit Johann Sebastian Bachs stammt, gehört zu den klangvollsten im Land – findet ein Konzert statt, sollte man es sich nicht entgehen lassen!

Stare Miasto • ul. św. Anny 11 • Tram: Teatr Bagatela

Barbakane/Barbakan
▸ S. 119, D 3

Die runde Backsteinbastion ist mit sieben Türmen gespickt, ringsum verläuft ein Kranz von 130 Schießscharten. In verschiedenen Höhen sind größere Fenster eingelassen, von denen einst Pech und Schwefel auf Angreifer gekippt werden konnten. Die Barbakane, die mit dem Florianstor einst durch einen Gang verbunden war, diente als nördlicher Vorposten der die gesamte Altstadt umfassenden Wehrmauern. Diese wurden im 19. Jh. abgetragen und durch den grünen Parkgürtel Planty ersetzt.

Stare Miasto • Ecke Planty/ul. Floriańska • Tram: Basztowa LOT • tgl. 10.30–18 Uhr

Barbarakirche/Kościół św. Barbary
▸ S. 119, D 4

Man sagt, »Barbara« sei von den übrig gebliebenen Ziegelsteinen der Marienkirche erbaut worden. Daran kann durchaus etwas Wahres sein, denn wie die große Nachbarin entstand sie im 14. Jh. Während in der Marienkirche die Messe in deutscher Sprache gelesen wurde, weil ihre reichen Stifter aus deutschen Landen stammten, war die bescheidenere Barbarakirche das Gotteshaus der Polen. Immerhin konnten auch sie Veit Stoß gewinnen, für sie tätig zu werden: Er schuf die ausdrucksstarke Skulpturengruppe am Eingangsportal, die Christus am Ölberg zeigt. Später kehrten sich die Verhältnisse um: 1537, als der deutsche Einfluss in Krakau zurückging, nahmen die Polen die große Marienkirche für sich in Anspruch, und die Deutschen mussten sich mit der Barbarakirche bescheiden.

Stare Miasto • pl. Mariacki/Mały Rynek 8 • Tram: Dworzec Główny

Bernhardinerkirche/Kościół Bernardynów ▶ S. 120, C 6

Am Fuß des Wawel erhebt sich stolz die Bernhardinerkirche. Sie ist der Nachfolgebau eines Gotteshauses,

welcher 1453 für die »Brüder« des Giovanni di Capistrano errichtet wurde. Der Italiener war nach Krakau gekommen, um sich für eine neue Bescheidenheit des Ordens stark zu machen, wofür er prompt heiliggesprochen wurde. Dass er zugleich die Juden als Sündenböcke allen Übels an den Pranger stellte, störte dabei nicht. 1655 wurden Kloster und Kirche von schwedischen Truppen verwüstet, 15 Jahre später nach dem Vorbild der römischen Kirche Il Gesù barock wieder aufgebaut. Ihr wertvollstes Stück ist eine Skulptur der Anna Selbdritt aus der Werkstatt von Veit Stoß. Interessant ist auch ein Gemälde aus dem 17. Jh., auf dem die Vertreter aller polnischen Stände beim Totentanz zu sehen sind. »Vor dem Tod sind alle gleich« – so die Botschaft: ein fragwürdiger Trost für die Armen und zugleich eine hämische, an die Reichen gerichtete Mahnung.

Wawel • ul. Bernardyńska 2 • Tram: Wawel

Wegzeiten (in Gehminuten) zwischen wichtigen Sehenswürdigkeiten

	Alte Synagoge	Collegium Maius	Czartoryski-Museum	Franziskaner-kirche	Marienkirche	Nationalmuseum	Palast des Bischofs Erasmus Ciołek	Schindler-Fabrik	Tuchhallen	Wawel
Alte Synagoge	–	35	40	35	30	60	25	20	30	20
Collegium Maius	35	–	10	5	5	25	20	55	5	25
Czartoryski-Museum	40	10	–	20	10	35	30	60	10	20
Franziskanerkirche	35	5	20	–	10	25	10	55	10	15
Marienkirche	30	5	10	10	–	30	20	50	5	25
Nationalmuseum	60	25	35	25	30	–	35	80	25	40
Palast des Bischofs Erasmus Ciołek	25	20	30	10	20	35	–	45	20	5
Schindler-Fabrik	20	55	60	55	50	80	45	–	50	40
Tuchhallen	30	5	10	10	5	25	20	50	–	25
Wawel	20	25	35	15	25	40	5	40	25	–

Collegium Iuridicum

▸ S. 120, C 5/6

Das »juristische Kolleg« aus dem 15. Jh. befindet sich in einem Renaissancepalast gegenüber der Peter-und-Paul-Kirche. Sein Innenhof mit dem zweigeschossigen Arkadengang gibt im Sommer einen stilvollen Rahmen ab für Igor Mitorajs Riesenmaske einer antiken Schönheit.

Stare Miasto • ul. Grodzka 53 • Tram: Plac Wszystkich Świętych • Innenhof tgl. 8–20 Uhr

✓ Collegium Maius   ▸ S. 118, C 3

Das Collegium Maius ist das Stammhaus der Jagiellonen-Universität (1364). Das backsteinerne, klösterlich anmutende Gebäude wird noch heute für akademische Feiern genutzt, zugleich dient es als Universitätsmuseum.

Man betritt es durch einen anmutigen Arkadenhof, in dem sich auch die Kasse befindet. Beim Rundgang passiert man die Bibliothek, in der Kopien jener astronomischen Instrumente ausgestellt sind, die Kopernikus während seines Krakauer Studiums (1491–1495) benutzte. Im dunklen Speisesaal steht die lange Tafel, an der die gelehrten Herren dinierten. In der Schatzkammer werden all jene Gegenstände aufbewahrt, mit denen sie befördert wurden: Zepter, Roben und Siegel. Wertvollstes Stück ist der Jagiellonische Globus von 1510, auf dem erstmals die Neue Welt eingezeichnet ist: »America terra novitur reperta« (»Das neulich entdeckte Land Amerika«). Im Auditorium werden Wissenschaftler promoviert und habilitiert, wobei sie in historischen Talaren antreten. Die renommiertesten von ihnen finden Eingang in die Porträtgalerie, deren Bilder die Wände bedecken. Darunter finden sich auch Könige, Bischöfe und Professoren, aber keine einzige Frau.

Beim Rundgang unbeachtet bleibt der Grüne Saal, in dessen Portal die trotzigen Worte »Ne cedat Academia« (»Die Akademie bleibt immer bestehen!«) eingeritzt sind. Eingerahmt sind sie von drei Jahreszahlen: 1655, 1794 und 1939. 1655 schwappte die »schwedische Sintflut« über Krakau; mit dem gescheiterten Aufstand von 1794 verlor Polen für 123 Jahre seine Unabhängigkeit, und auf den Einmarsch der Deutschen 1939 folgte die »Sonderaktion«: Die Besatzer hefteten ein Schild an die Tür, auf dem stand: »Wissenschaftliche Arbeit für Polen verboten«, und verhafteten alle 183 Professoren und Dozenten. Nur aufgrund internationalen Protests kamen viele von ihnen wieder frei. In die Räume des Collegium Maius zog das »Deutsche Institut Ost« ein, Keimzelle der zu gründenden arisch-deutschen Kopernikus-Universität. Dazu ist es freilich nicht mehr gekommen: 1945 wurde die Universität, deren Lehrbetrieb in Privaträumen konspirativ fortgesetzt worden war, wieder polnisch.

Stare Miasto • ul. Jagiellońska 15 • Tram: Teatr Bagatela • Tel. 4 22 05 49 • www.uj.edu.pl/uniwersytet/muzea • Gruppenführung Mo, Mi, Fr 10–14.20, Di, Do 10–17.20, Sa 10–13.20 Uhr • Eintritt 4 €, Kinder 3 € inkl. Führung, Innenhof ganztägig geöffnet und gratis

✓ Dominikanerkirche/Kościół Dominikanów   ▸ S. 119, D 4

Die Mönche, nach denen die Kirche benannt ist, bezeichnen sich als »domini canes« (»Hunde des *s. venedig; fiascijolo!*

Herrn«). In ihrem Wappen erscheint ein Hund, im Maul trägt er eine brennende Fackel. Im 13. Jh. ließen sich die Dominikaner in Krakau nieder und blieben hier ohne jede Unterbrechung bis zum heutigen Tag. In ihre Kutten gehüllt durchstreifen sie die Kirche, im Kreuzgang wandeln sie meditierend auf und ab. Allerdings ist die Kirche, die man heute sieht, ein Nachbau des 1850 durch einen Brand zerstörten Originals. Nur die an das backsteinerne Langhaus angrenzenden Seitenkapellen blieben damals verschont. Auch in dieser Kirche hat Veit Stoß seine Spuren hinterlassen. An der linken Seite des Chors schuf er eine Grabplatte für den italienischen Humanisten Filippo Buonaccorsi, den König Kazimierz IV. als Berater nach Krakau geholt hatte. Unter dem Namen Callimachus wurde Buonac-

corsi in Polen bekannt. Die schönste Kapelle der Kirche ist die der Mater Dolorosa mit einem spätgotischen Marienbild: Zwei ineinander verschachtelte Halbkuppeln wecken die Vorstellung einer sich öffnenden Blüte – Symbol jungfräulicher Unschuld. Die Kapelle der Magnatenfamilie Zbaraski besticht dagegen durch schwarzen Marmor: »Gottes Leidenschaft« heißt ein Berg bei Dębnik nahe Krakau, aus dem der Stein gefördert wurde. Sein Glanz und Schillern, so glaubte man, werde Gottes Lust erregen.

An die Kirche schließen sich Krämerbuden (»Kramy Dominikańskie«) an, die die gesamte Ostseite der Dominikanerstraße einnehmen. Heute werden hier Poster, Souvenirs und alte Bücher verkauft.

Stare Miasto • ul. Stolarska 12 • Tram: Plac Wszystkich Świętych

nur kein Martini Rosso!

Die Barbakane (▶ S. 48) mit ihren gut erhaltenen Pechnasen und Schießscharten wurde einst vor der Stadtmauer errichtet, um gegen feindliche Überfälle gewappnet zu sein.

Über einen malerischen Arkadenhof gelangt man ins Collegium Maius (▶ S. 50), das älteste Gebäude der Jagiellonen-Universität und Sitz des Universitätsmuseums.

Franziskanerkirche/Kościół Franciszkanów   ▶ S. 118, C 4

Die gotische Kirche ist für ihre Art-Nouveau-Glasmalereien bekannt, die Stanisław Wyspiański um 1900 schuf. Die von einem dynamischen Strich eingefassten Farbflüsse leuchten zu jeder Tageszeit anders: Die Palette reicht von blassen Morgentönen über grelles Mittagsfeuer bis zu glühendem Abendrot. Auf den Fenstern sind der Hl. Franziskus und die Selige Salomea dargestellt, außerdem die Elemente Wasser, Feuer und Luft. Gigantisch ist das Fenster über dem Hauptportal, das »Gott Vater bei der Schöpfung« zeigt: ein Riese mit erhobenem Arm und wallendem Bart, der aus dem Chaos des Universums emporsteigt. Als der Schriftsteller Alfred Döblin die Kirche in den 1920er-Jahren besuchte, notierte er: »Was diese wogende Farbgüsse bedeuten, weiß ich nicht,

diese Schwarzgüsse, umwallt von Güssen und Flüssen des Blau, durchzogen von Grün, durchströmt von Gelb und Gold. Ob das Menschen sind? Manchmal glaube ich märchenhafte Augen zu sehen, lange Haare. Ich habe nicht den Wunsch, etwas zu erkennen, wie ich nicht das Bedürfnis habe, den fernen Männergesang zu verstehen. Die Glaslinien flackern. Ein dunkelgrünes Blumenfenster. Und rechts die brennendste aller Farben, die ich je gesehen habe, ein helles Gelb, ein satanisches Rotgelbbraun, eine Farbe brennender als Feuerrot, eben jetzt geboren aus der Vermählung des lebendigen Lichtes, der einfallenden Sonne mit den schlummernden Farbgüssen.« Neben den Glasmalereien überzeugt in der Kirche auch die Gestaltung der Wände: Goldsterne vor blauem Firmament und Blumenmuster sollen die Naturliebe der Franziskaner verdeutlichen. Asketisch präsentiert sich dagegen die Passionskapelle im linken Seitenschiff, in der sich seit Ende des 16. Jh. die »Brüder des Guten Todes« treffen. Ihren Namen verdanken sie der Seelsorge für die zum Tode Verurteilten, doch auch in ihrem eigenen Alltag fühlen sie sich dem Jenseits stärker verbunden als dem Diesseits. Jeden Freitag von Aschermittwoch bis Ostern ziehen sie schwarz gewandet und in schweigender Prozession durch den Parkgürtel Planty. Ihr Ziel ist die Reformatorenkirche am Nordrand der Altstadt.

Stare Miasto • ul. Franciszkańska s/n • Tram: Filharmonia

Großer Markt/Rynek Główny ✹
▸ S. 118, C 3/4–S. 119, D 3/4

Mit 40 000 qm ist er nicht nur Europas größter mittelalterlicher Platz, sondern auch sein vitalster. Dies befand die internationale Stiftung »Projects For Public Spaces«, die dem Großen Markt den Vorzug vor Plätzen in Rom, Prag und Siena gab. Tatsächlich pulsiert hier das Leben von morgens bis abends. Stets sind die Terrassencafés gefüllt, Musikanten spielen auf, und Fiaker ziehen ihre Runden. Blumenfrauen verkaufen von früh bis spät ihre duftende Ware, Porträtmaler bieten ihre Dienste an. Gern lassen sich hier Besucher treiben, was gleichfalls zur guten Stimmung beiträgt.

Der Marktplatz entstand 1257, wenige Jahre nachdem die Tataren die Stadt in Schutt und Asche gelegt hatten. Seine schiere Größe drückte den Wunsch des Stadtrats aus, Krakau zu einer mächtigen Handelsmetropole zu machen. Und die Rechnung ging auf: Von verflossenem Reich-

tum künden die Tuchhallen, die den Platz fast in seiner ganzen Länge teilen, die Marien- und die Adalbertkirche sowie das Mickiewicz-Denkmal und der Rathausturm. Ringsum ist der Platz von adeligen und bürgerlichen Palästen eingefasst, die mit ihren eleganten Attiken einen Hauch Exotik ins Bild zaubern.

Stare Miasto • Rynek Główny • Tram: Plac Wszystkich Świętych

Isaak-Synagoge/Synagoga Izaaka
▸ S. 121, E 7

Die schmucke Barock-Synagoge stiftete 1644 Isaak Jakubowicz, der seinen Reichtum angeblich einem Traum verdankte: Darin erschien eine Prager Brücke, darunter verborgen ein Schatz. Sogleich fuhr Isaak in die böhmische Hauptstadt und begann, an der erstbesten Brücke zu buddeln. Dabei erregte er den Argwohn eines Polizisten, dem er seine Geschichte gestand. Daraufhin der Tscheche: »Dummer Jude! Auch ich hatte einen Traum: Ich sah einen Schatz hinterm Ofen einer Krakauer Küche. Soll ich etwa deswegen die lange Reise unternehmen?« Isaak sagte nichts mehr, sondern fuhr schnurstracks nach Hause, buddelte hinter seinem Herd und fand dort einen Krug voll Goldmünzen. Und die simple Moral der schönen Geschicht': »Suche das Glück nicht in der Ferne, wenn es zu Hause zum Greifen nah ist!« Heute hat in der Synagoge die orthodoxe Stiftung Chabad Lubavitch ihren Sitz. Das hohe, helle Gotteshaus bleibt für Besucher geöffnet, im Anbau gibt es ein koscheres Lokal.

Kazimierz • ul. Kupa 16 • Tram: Miodowa • www.chabadkrakow.pl • So–Do 9–17, Fr 9–13 Uhr

Kazimierz 🔴 5 ▶ S. 121, E 6/7–F 6/7

Ein jüdisches Viertel fast ohne Juden, einst Krakaus Armenhaus, heute sein »Quartier Latin«. Clubs und Cafés schießen wie Pilze aus dem Boden. Künstler, denen Krakaus glanzvolle Altstadt zu teuer ist, eröffnen hier Galerien, Ateliers und Alternativtheater. Kazimierz liegt nur 15 Gehminuten südöstlich des Zentrums, am besten erreicht man es über die ul. Starowiślna bzw. Krakowska (▶ Spaziergang, S. 86 und ▶ Im Fokus, S. 64).

Kazimierz wurde 1335 vom gleichnamigen König als eigenständige Stadt gegründet, erhielt einen eigenen großen Marktplatz und ein halbes Dutzend Kirchen. Nachdem 1495 die Juden aus Krakau vertrieben worden waren, wies ihnen der König den östlichen Teil von Kazimierz zu – bis 1941 waren die Straßen rings um die Szeroka und den Plac Nowy deshalb ausschließlich von Juden bewohnt. Nachdem fast alle Juden im Konzentrationslager ermordet worden waren, verödete das Viertel. Kazimierz wurde zu einer Geisterstadt, in der nur die Ärmsten der Armen lebten.

Erst nach der Wende »entdeckten« die Krakauer Kazimierz wieder: Das Café Ariel (▶ S. 36) schräg gegenüber der Alten Synagoge bewirtete Reisegruppen aus Israel und den USA. Das Jüdische Festival (▶ MERIAN-Tipp, S. 40) rückte ins Bewusstsein, dass Kazimierz nicht nur ein Ort des Sterbens war, sondern auch der Ort einer reichen Kultur. Auch die Stadtoberen erkannten, dass Kazimierz touristisch vermarktbar war, und rührten die Werbetrommel für ein »polnisches Toledo«. Die meisten Mittel zur Verschönerung des Vier-

tels kamen allerdings von privaten Spendern, u. a. der Ronald-S.-Lauder-Stiftung. Mittlerweile sind sieben Synagogen restauriert, ein jüdisches Kulturzentrum floriert, und das Galizische Museum konfrontiert seine Besucher mit »Spuren der Erinnerung«. Sehenswert sind hier u. a. die Alte Synagoge, die Isaak-Synagoge, die Remuh-Synagoge und die Tempel-Synagoge.

Kleiner Marktplatz/ Mały Rynek ▶ S. 119, D 4

Der Kleine Marktplatz liegt im Schatten des Großen und ist der einstige Marktflecken der Krakauer Metzger. Auf steinernen Tischen boten sie Fleisch zum Verkauf, das vom Schlachthaus an den Planty herbeigekarrt wurde. Besonders begehrt waren die auch außerhalb Polens bekannten Würste Krakauer. Die Verkäufer lebten in den umliegenden Straßen, die damals Vieh-, Schweine- und Fleischerstraße hießen. Als zu Beginn des 19. Jh. stärker auf Hygiene geachtet wurde, mussten die Metzger die Verkaufsstände räumen, und der Mały Rynek avancierte zu einer begehrten Wohngegend. Heute reiht sich ein schmuckes Haus ans nächste, zwecks Abstützung der Mauern wurden ihnen markante Eckpfeiler angebaut.

Stare Miasto • Mały Rynek • Tram: Plac Wszystkich Świętych

WUSSTEN SIE, DASS …

… die Krakauer (»krakowska kiełbasa«) aus Schweine- und Rindfleisch besteht, das deftig mit Knoblauch und Kümmel gewürzt wird und so lange geräuchert wird, bis es schön »trocken« aussieht?

Zwei Gotteshäuser stehen auf dem Großen Markt: die mächtige Marienkirche (▸ S. 56) und (im Vordergrund) die St. Adalbertkirche (▸ S. 47), die kleinste Kirche der Stadt.

Kleparz   ▸ S. 118, C 1–S. 119, D 1

Das unmittelbar nördlich ans Zentrum angrenzende Viertel war – wie Kazimierz – im Mittelalter eine eigenständige Stadt. Hier lebten Handwerker und kleine Kaufleute in bescheidenen Verhältnissen, nicht einmal durch einen Festungswall waren sie vor feindlichem Angriff geschützt. Auch wenn Teile der 1791 eingemeindeten Stadt später aufpoliert wurden, so wirkt Kleparz noch heute wie die arme Schwester der glanzvollen Altstadt – hier zeigt sich Krakau von seiner ungeschminkten Seite. Statt durchgestyltem Jungvolk sieht man Frauen und Männer vom Land, die auf dem Markt ihre Ware verkaufen; und weil die Preise so unschlagbar günstig sind, kauft das Gros der weniger begüterten Krakauer auf dem **Rynek Kleparski**, dem Marktplatz des Viertels, ein. Freilich hat auch Kleparz sein Aushängeschild: Am **Matejko-Platz** steht das kolossale Grunwald-Denkmal, das König Władysław Jagiełło, den Sieger der Schlacht von

1410, hoch zu Ross in Heldenpose zeigt. Ein symbolisches Grab ihm zu Füßen erinnert an all die »unbekannten Soldaten«, die in unzähligen Schlachten »für Polen« fielen. Den passenden Rahmen für das Denkmal bilden die Gebäude ringsum: An der Ostseite prangt die **Polnische Nationalbank** und weiter gründerzeitliche Bürgerhäuser, an der Westseite die Neo-Renaissance-Paläste der **Polnischen Staatsbahn** sowie der **Akademie der Schönen Künste**.

Im Hintergrund des Platzes ragen effektvoll die Türme der **Florianskirche** auf. Ihr Schatz sind die Reliquien Florians, eines römischen Bürgers, der während der Regierungszeit Kaiser Diokletians als Christ hingerichtet wurde. Später wurde er heilig gesprochen und seine sterblichen Überreste als päpstliches Geschenk 1134 dem Krakauer Fürsten vermacht. Die Legende berichtet, dass sich die Pferde, die die Kutsche mit dem Reliquienschrein zogen, weigerten, in Krakau einzuziehen. Störrisch blieben sie in Kleparz stehen. Dies wurde als Zeichen gedeutet, der Heilige wolle just hier seine letzte Ruhe finden, weshalb man ihm prompt eine Kirche erbaute. Nachdem 1609 die Hauptstadt nach Warschau verlegt wurde, erhielt die Florianskirche eine neue Bestimmung: In ihr wurde der verstorbene Monarch aufgebahrt, bevor er ein letztes Mal den Königsweg zum Wawel »abschreiten« durfte.

Marienkirche/Kościół Mariacki 6 ▸ S. 119, D 3

Blickfang des Marktplatzes ist die Marienkirche mit ihren beiden ungleichen Türmen. Der höhere trägt einen zierlichen Türmchenkranz und eine glitzernde Krone, in seiner Spitze spielt ein Trompeter. Zu jeder vollen Stunde tritt er ans Fenster und posaunt die Hejnał-Melodie in alle Himmelsrichtungen. Beim letzten Ton bricht sie abrupt ab, um an jenen tapferen Turmwächter zu erinnern, der die Bevölkerung Krakaus vor dem drohenden Einmarsch der Tataren warnen wollte, doch just in diesem Augenblick von einem Pfeil getroffen wurde. »Hejnał Mariacki« – unter diesem Namen kennen die Krakauer das Trompetensignal – wird mittags um 12 Uhr auch im Polnischen Rundfunk übertragen. Im Frühjahr, wenn die ersten Sonnenstrahlen in den Turm hereinblitzen, mischt der Trompeter der Melodie jubilierende Triller bei. Im Sommer muss er sich des Ansturms vieler Besucher erwehren: Nach einem Aufstieg über mittelalterlich steile Stiegen steht man oben und genießt die Aussicht.

Spektakulär ist nicht nur die Turmbesteigung, sondern auch der Besuch der Kirche. Der dreischiffige Innenraum ist mit Farbflüssen aus Rot, Blau und Gold überzogen und mit Ornamenten reich geschmückt. Doch wird alle Schönheit vom fünfflügeligen Hauptaltar übertroffen: Das 13 x 11 m große Werk schuf Veit Stoß in zwölfjähriger Schnitzarbeit (1477–1489), wobei er mehr als 100 Figuren realistische Züge verlieh. Wenn der Altar jeden Tag um 12 Uhr von einer Nonne feierlich geöffnet wird, wird man mit der Darstellung von Marias Tod konfrontiert: Man sieht eine junge, lebensgroße Frau im Moment des Zusammensinkens, ein Apostel greift ihr stützend unter die Arme.

Die Züge aller Umstehenden sind voll Trauer und Schmerz, während Marias Gesicht bereits entrückt ist. Auf den Seitenflügeln werden – in kleineren Proportionen – Szenen aus ihrem Leben gezeigt: von der Verkündigung bis zur Himmelfahrt. Doch auch wenn die Altarflügel geschlossen sind, ist Interessantes zu sehen: Zwölf Tafeln illustrieren Christus' Leidensweg von der Geburt bis zu seinem Tod. Ein weiteres Werk von Veit Stoß entdeckt man im südlichen Seitenschiff: Es zeigt Christus am Kreuz im Todeskampf.

Man betritt die Kirche vom Marienplatz (pl. Mariacki), einem mit weißem Marmor ausgelegten kleinen Platz: In seiner Mitte steht ein Brunnen, auf dem ein »mittelalterlicher Student« in lässig-melancholischer Pose steht: Die anmutige Figur ist die Nachbildung eines Werks von Veit Stoß. Der Eingang rechts neben dem Hauptportal bleibt den Gläubigen vorbehalten; durch die Tür am südlichen Seitenschiff werden Touristen nach Zahlung einer Gebühr eingelassen.

Stare Miasto • Rynek Główny 4/ pl. Mariacki 5 • Tram: Plac Wszystkich Świętych/Dworzec Główny • www. mariacki.com • Mo–Sa 11.30–18, So 14–18 Uhr • Turmbesteigung links vom Haupteingang Mai–Aug. Di, Do, Sa 9–11.30, 13–17.30 Uhr

Mickiewicz-Denkmal/ Pomnik Mickiewicza

▶ S. 118, C 3– S. 119, D 3

Nie hat er Krakau gesehen, doch die Krakauer liegen ihm (buchstäblich) zu Füßen: »Bei Adaś«, wie sie die Statue von Adam Mickiewicz auf dem Marktplatz zärtlich nennen, verabreden sie sich am liebsten. Erhobenen Hauptes steht der Dichter über ihnen, umringt von den Musen Wissenschaft, Poesie, Heimat und Tapferkeit. Mickiewicz (1798–1855) ist für die Polen, was Goethe für Deutschland ist und noch mehr: ein Dichterfürst, dessen Werke in keinem Schulbuch fehlen, zugleich ein Agitator für die nationale Sache: »Wir werden lernen, Gewalt durch Gewalt zu zerschlagen! Auf! Arm in Arm! Lasst uns den Erdball umfassen!« So dichtete er 1830, als Polen untergegangen war.

Stare Miasto • Rynek Główny • Tram: Plac Wszystkich Świętych

Paulinerkirche/Kościół Paulinów

▶ S. 121, C 7–8

Die »Kirche auf dem Fels« entstand am Tatort eines Mordes: Bischof Stanisław hatte es 1079 gewagt, König Bolesław II. herauszufordern, wofür er prompt geköpft wurde. Daraufhin erkor der Papst den Ermordeten zum Schutzheiligen Polens und machte seinen Einfluss geltend, um König Bolesław zu entthronen. Dessen Nachfolger, um guten Kontakt zum Vatikan bemüht, errichteten dem Heiligen eine Kirche. Bis heute steht sie nahe der Weichsel in einem parkähnlichen Areal, das im Westen vom Pauliner- und im Osten von einem Franziskanerkloster flankiert wird. Die im 18. Jh. barockisierte Kirche macht einen pompösen Eindruck. Vor ihrer Doppelturmfassade führt eine geschwungene Freitreppe zu einer Terrasse. Unter der Treppe befindet sich der Eingang zur Krypta. Dort sind Berühmtheiten »zweiten Grades« beigesetzt, denn »wahre Nationalhelden« ruhen in der Wawel-Kathedrale. Man entdeckt Komponisten, Dichter, Geistes- und Naturwissenschaftler; 2004 fand hier der Literaturnobelpreisträger Czesław Miłosz seine letzte Ruhe. Im linken Seitenschiff der Kirche wird des Hl. Stanisław gedacht. So soll der Baumstamm am Altar jener sein, auf dem er enthauptet wurde. Den Körper des Bischofs warf man anschließend in einen nahe gelegenen Teich, der prompt zur Wunderquelle wurde. Heute ist sein Wasser dekorativ eingefasst, eine Statue zeigt den Heiligen. Alljährlich am ersten Sonntag nach dem 8. Mai, dem Tag des Schutzpatrons, wird das Wasser von allen Kardinälen und Bischöfen Polens gesegnet.

Wawel • ul. Skałeczna 15 • Tram: Stradom • Mo–Sa 9–16 Uhr

Peter-und-Paul-Kirche/Kościół św. Piotra i Pawła ▸ S. 121, D 5

Das ehemalige Gotteshaus der Jesuiten entstand von 1597 bis 1619 nach dem Vorbild der römischen Barockkirche Il Gesù. Am schönsten präsentiert es sich zum Sonnenuntergang, wenn die reich verzierte Sandsteinfassade mit den davor platzierten zwölf lebensgroßen Apostelfiguren zu glühen scheint. Der luftige Innenraum wird von einer 64 m hohen Kuppel beherrscht, von der einmal wöchentlich das Foucaultsche Pendel herabgelassen wird: Aufgrund der Erdbewegung beginnt das ursprünglich bewegungslose Pendel zu rotieren, wobei es eine rosettenförmige Bahn zieht. Sehenswert ist der 1728 geschaffene Hauptaltar, der mit seinem ikonenartigen, von viel Gold eingefassten Rahmen eine Symbiose von orthodoxem und katholischem Kult versucht.

An der gegenüberliegenden Seite beeindruckt die Orgelempore – auch hier stehen üppig-bewegte Formen in Kontrast zur nüchtern wirkenden Umgebung.

Voller Schätze: Die Marienkirche (▸ S. 56) beeindruckt mit dem von Veit Stoß geschaffenen Hochaltar und kunstvoll geschnitzten Figuren.

Stare Miasto • ul. Grodzka 54 • Tram:
Plac Wszystkich Świętych

Podgórze & Płaszów

▶ S. 121, E/F 8 sowie
weiter südl. und östl.

»Krakau reicht weiter als bis zur Weichsel«: Mit diesem flotten Spruch ruft sich Podgórze, der Stadtteil »unter dem Berg«, in Erinnerung. Er liegt am Fuß des Wawelbergs, aber auf der gegenüberliegenden südlichen Flussseite. Eine neue Fußgängerbrücke sorgt dafür, dass inzwischen immer mehr Besucher den Weg hinüber ans andere Ufer finden: Im jüdischen Viertel Kazimierz spannt sie sich vom Ende der ul. Mostowa über die Weichsel zur ul. Nadwiślańska in Podgórze. Alternativ wählt man den Zugang über die Starowiślna-Straße, die sich in die Brücke Most Powstańców Śląskich verlängert, bzw. über die ul. Krakowska und die Brücke Most Piłsudskiego.

Podgórze steht vor dem Umbruch: Bislang war es ein Arme-Leute-Quartier, doch dank seiner Nähe zum Zentrum soll es aufgewertet und geliftet werden. Dabei soll die jüngere, mit dem Holocaust verbundene Geschichte des Viertels betont werden. Ein erster Schritt war die Umgestaltung des **Platzes der Ghettohelden**: eine Installation von Dutzenden leeren Bronzestühlen verleiht ihm etwas Verwaistes (pl. Bohaterów Getta, ▶ S. 121, F 8). Der Platz war das Zentrum des im März 1941 von den deutschen Besatzern eingerichteten »jüdischen Wohnbezirks«. Die Straßen zwischen dem Fluss und dem südlich aufragenden Krak-Hügel waren durch eine Mauer von der Außenwelt abgeschirmt, hierher wurden

alle Juden Krakaus zwangsumgesiedelt. An vier Stellen führten Tore auf die arische Seite, die fortan für die Juden verbotenes Terrain war: Wer sie unbefugt passierte, hatte mit der Todesstrafe zu rechnen – nicht selten wurde sie vom Wächter an Ort und Stelle vollstreckt. Die **Apotheke zum Adler** erinnert an das Ghetto und auch an die ab 1942 einsetzende »Endlösung«: Die Juden wurden schrittweise in ein im Nachbarviertel Płaszów eingerichtetes Konzentrationslager bzw. nach Auschwitz deportiert, wo sie selektiert wurden. Alle, die nicht arbeitsfähig waren, also Kinder, Kranke und Alte, wurden sofort ermordet, wer bei Kräften war, musste erst arbeiten, bevor er an Schwäche starb bzw. vergast wurde. Stand eine Deportation an, durchforsteten SS-Einsatztruppen Haus um Haus – alle, die sich versteckt hatten und aufgespürt werden konnten, wurden getötet. Das geschah auch bei der großen Aktion am 14. März 1943, als bei der »Auflösung« des Ghettos ca. 1000 Menschen erschossen wurden. Alljährlich am 14. März startet am Platz der »Marsch der Erinnerung«, bei dem Krakauer Bürger den gleichen Weg zurücklegen wie einst die letzten Juden zum Konzentrationslager Płaszów.

Vom Platz der Ghettohelden gelangt man in zehn Gehminuten (ausgeschildert) zum Museum in der restaurierten **Schindler-Fabrik** ⚡ (▶ S. 61). Wer dagegen das Gelände von **Płaszów** besichtigen will, folgt der Straße Na Zjedcie, die bald Wielicka heißt, südwärts und schwenkt nach ca. 800 m rechts in die Jerozolimskie ein. Nach weiteren 500 m passiert man das einstige Anwesen des Untersturmführers Amon Goeth, das einzige Relikt des beim Rückzug der Deutschen gesprengten Konzentrationslagers. Auf dem Hügel hinter

Vorbild für die Peter-und-Paul-Kirche (▸ S. 58) war die Kirche Il Gesù in Rom.

dem Haus, auf dem sich das Lager befand, wurden Denkmäler für die ermordeten Juden aufgestellt.
Tram: Plac Bohaterów Getta

Popper-Synagoge/ *Kazimierz* Synagoga Poppera ▸ S. 121, E 7

Kaufmann Wolf Popper heiratete eine wohlhabende Krakauer Jüdin, vervielfachte ihr Vermögen und war am Ende so reich, dass er 1620 eine Synagoge stiften konnte. Ihr legendärer Thora-Schrein befindet sich heute im Wolfson Museum von Jerusalem, die leere Synagoge dient als Ausstellungsraum.
Kazimierz • ul. Szeroka 16 • Tram: Miodowa

Rathausturm/Wieża Ratuszowa
▸ S. 118, C 3

70 m hohes Überbleibsel des mittelalterlichen, 1820 abgetragenen Rathauses. Während man ihn ersteigt, passiert man Räume mit historischen Waffen und Kostümen. Vom obersten Stock erhascht man einen Schrägblick auf die Tuchhallen; im Kellergewölbe, der ehemaligen Folterkammer, öffnet eine Bar.
Stare Miasto • Rynek Główny 1 • Tram: Plac Wszystkich Świętych • tgl. 10.30–18 Uhr

Reformatorenkirche/Kościół Reformatorów ▸ S. 118, C 3

1662 spalteten sich die »Reformierten« von den »Normalen« Franziskanern ab – sie wollten zurück zu einem Leben in Armut und Demut. Gleichwohl füllte sich auch ihre Kirche bald mit üppigen Barockgemälden und -altären. Spektakulärer ist der Besuch der Krypta: Über eine Bodenluke neben dem Eingang steigt man in die »Unterwelt« hinab, wo mumifizierte Leichname aus dem 17. bis 19. Jh. liegen – aufgrund des spezifischen Mikroklimas in der Gruft sind sie nicht verwest.
Stare Miasto • ul. Reformacka 4 • Tram: Teatr Bagatela/Basztowa LOT (Einlass in die Krypta gewähren die Mönche im Kloster nebenan, um eine Spende wird gebeten)

Remuh-Synagoge & Alter Friedhof/ Synagoga Remuh & Stary Cmentarz ▸ S. 121, E 6–7

Kazimierz

Die Renaissance-Synagoge wurde von einem königlichen Bankier 1553 für seinen Sohn Rabbi Moses Isserles alias Remuh gegründet. Sie ist die einzige Synagoge in Krakau, in der noch regelmäßig Gottesdienste

Schindlers Fabrik

stattfinden. Von orthodoxen Juden wird Moses Isserles als großer Philosoph verehrt – sein Grab auf dem benachbarten Alten Friedhof ist das Ziel von Pilgern aus aller Welt. Besonders viele kommen an seinem Todestag, um in die Ritzen seines Grabsteins Wunschzettel zu stecken. Gut erhalten sind auch die übrigen 47 Renaissancegräber, die erst in den 1960er-Jahren unter einer dicken Erdschicht entdeckt wurden. Die »Klagemauer« an der Nordseite des Friedhofs besteht aus Bruchstücken jener Gräber, die von den Nationalsozialisten zerstört wurden.
Kazimierz • ul. Szeroka 40 • Tram: Miodowa • tgl. außer Sa 9–16 Uhr

✔ Schindlers Fabrik/Fabryka Schindlera 🔴 7 ▶ S. 121, östl. F 8

Die ehemalige Emaille-Fabrik von Oskar Schindler (▶ Im Fokus, S. 64) wurde wurde zu einem der interessantesten Museen Polens. Besucher erfahren am Originalschauplatz, wie der Gestapo-Mann »seine« Juden als Sklavenarbeiter nutzte, doch sie später vor dem sicheren Tod errettete. Freilich ist dies nur eine Facette des **Museums Krakau – Zeit der Besatzung 1939–1945**, das vor allem darauf abzielt, Nachgeborenen den Terror der deutschen Okkupation anschaulich zu vermitteln. Die Geschichte soll ein Gesicht bekommen, weshalb Besucher anhand individueller Biografien, als Jude, Widerstandskämpfer oder »normaler« Bürger »durch die Zeit gehen«. Geschickt montierte Originalfotos und -filme, Tonaufnahmen und Alltagsgegenstände, persönliche Aufzeichnungen und Dokumente schaffen eine beklemmend authentische Atmosphäre. En passant erfährt man

alles Wichtige zur Geschichte des »Generalgouvernements« (so die Nazi-Bezeichnung des besetzten Polen), zur Deportation von Krakaus Professoren sowie zur Ghettoisierung und Ermordung seiner Juden. Wer nach dem ca. zweistündigen Rundgang noch Kraft hat, kann in den ehemaligen Werkshallen der Fabrik in eine ganz andere Welt abtauchen. Im zurückhaltend gestalteten **Museum zeitgenössischer Kunst MOCAK** gibt es viel Schräges, dazu Ateliers für »Artists in Residence«.
Podgórze • ul. Lipowa 4 • Tram: pl. Bohaterów Getta • Tel. 2 57 10 17 • www.mhk.pl, www.mocak.com.pl • Mo 10–14, Di–So 10–18 Uhr, 1. Mo im Monat geschl. • Eintritt 4 €

MERIAN-Tipp 8

HEIDNISCHE HÜGEL

Gibt es einen anderen Ort, an dem für Helden und Herrscher Hügel aufgeschüttet werden? In Krakau gibt es gleich vier, und ein fünfter – für den polnischen Papst – ist in Planung. Die Tradition reicht ins 7. Jh. zurück, als der slawische Wislanen-Stamm Fürst **Krak** im Westen und seiner Tochter **Wanda** im Osten je einen Hügel aufschüttete. Den besten Blick auf die Stadt genießt man vom Hügel der Unabhängigkeitskämpfer **Kościuszko** und **Piłsudski** im Stadtwald Las Wolski.
Krak-Hügel ▶ S. 121, südöstl. F 8
Wanda-Hügel ▶ S. 118, östl. F 3
Piłsudski-Hügel
  ▶ S. 120, westl. A 7
Kościuszko-Hügel
  ▶ S. 120, westl. A 6

Tuchhallen/Sukiennice

▸ S. 118, C 3

Das auffälligste Gebäude auf dem Großen Markt: Es leuchtet in Habsburger Gelb, ist unten mit italienischen Renaissancearkaden und oben mit orientalisierenden Attiken geschmückt. Für zusätzlichen Reiz sorgen die vielen Reliefs und Skulpturen: »Maskarone« (poln. »maszkaron«), fratzenhaft verzerrte Riesengesichter, grinsen vom Dachgesims, in Säulenportale sind Frauen- und Männergesichter früherer Jahrhunderte eingemeißelt. Kleine, minarettartige Türmchen sind mit Goldkugeln gespickt. Die ganze Pracht entstand Mitte des 16. Jh. im Stil der Renaissance, nachdem die mittelalterlichen Tuchhallen abgebrannt waren. Wie der Name andeutet, wurden in den Hallen Tuche und andere textile Kostbarkeiten verkauft, heute ist das Sortiment ausgedehnt auf Kunsthandwerk aus ganz Polen – vom baltischen Bernsteinschmuck bis zum handgestrickten Tatra-Pullover. Im Untergeschoss befindet sich das **Museum des unterirdischen Markts** (▸ Museen und Galerien, S. 72), im Obergeschoss die **Galerie der Polnischen Malerei** (▸ Museen und Galerien, S. 69). Und ganz oben erwarten den Besucher Aussichtsterrassen mit herrlichem Rundumblick auf den Großen Markt!

Stare Miasto • Rynek Główny • Tram: Plac Wszystkich Świętych

MERIAN-**Tipp** **9**

SŁOWACKI-THEATER

▸ S. 119, D 3

Eines der schönsten Theatergebäude ganz Polens (1893), inspiriert von der Charles-Garnier-Oper in Paris. Es präsentiert sich in einem Stil-Potpourri, gleichwohl wirkt das Gesamtbild geschlossen. Über dem Hauptportal prangt die Figurengruppe »Einladung zum Tanz« nach einer Szene von Mickiewicz' Nationalepos »Pan Tadeusz«: Ein Kammerherr bittet eine junge Frau zur Polonaise, Allegorien von Musik, Poesie und Theaterkunst flankieren das Paar. Über eine ausladende Freitreppe gelangt man ins Auditorium, ausgestattet mit goldenen Logen, roten Samtsitzen und einem pompösen Bühnenvorhang.

Stare Miasto • Teatr Juliusza Słowackiego, pl. św. Ducha 4 • Tram: Dworzec Główny • www. slowacki.krakow.pl

Wawel **10**

▸ S. 74

Weichseltouren **9**

▸ S. 120, B 6

Die Weichsel ist mit ca. 1200 km Polens längster Fluss. Sie entspringt in den Karpaten und schlängelt sich quer durchs Land, bevor sie in der Danziger Bucht in die Ostsee mündet. Der Fluss verbindet Krakau mit Warschau, also die alte mit der neuen Hauptstadt, und fließt durch einige der schönsten Orte Polens, u. a. durch Toruń, Sandomierz und Kazimierz Dolny.

Lange Zeit hat man in Krakau mit dem Rücken zur Weichsel gelebt, denn sie galt als gefährlich: Nach jeder Eisschmelze drohte sie die Stadt zu überfluten; außerdem war der Fluss durch Industrieabfälle hoffnungslos verschmutzt. Dank der Stilllegung von Fabriken hat sich die Qualität des Wassers in den letzten Jahren deutlich verbessert. Zwar trauen sich die Krakauer noch immer nicht, in der Weichsel zu baden, doch immerhin beginnen sie ihre Schönheit wieder zu entdecken: Der begrünte Uferboulevard am Fuß des Wawels und auf der gegenüberliegenden Flussseite ist ein beliebter Spazier-, Jogging- und Skating-Parcours; an warmen Wochenenden trifft man sich auf den Deichwiesen zum Picknicken. Auf der linken Uferseite öffnet im Sommer ein großer **Strand**. Auf mehreren im Weichselknie fest vertäuten »Galeeren« kann man an lauen Sommerabenden speisen.

Wer lieber eine Schiffsreise unternehmen möchte, hat mehrere Möglichkeiten: Von der Anlegestelle am Fuß des Wawel starten von Mai bis Sept. ab 10 Uhr morgens halb- und ganzstündige Trips: Kleine, überdachte Barkassen drehen vor dem Burghügel eine kleine Runde, fahren anschließend flussabwärts zum festungsgleichen **Kloster der Norbertanerinnen** und wieder zurück.

Am Wochenende gibt es auch längere Touren: Schön ist der dreistündige Trip zum 12 km südöstlich von Krakau gelegenen **Benediktinerkloster Tyniec**. Seit fast 1000 Jahren thront es am Weichselufer auf einem Kalksteinkliff. In der Kirche tragen jeden Tag um 15 Uhr die Mönche lateinische Vesperlieder vor, zusätzlich finden im Rahmen des sommerlichen Orgelfestivals Klassikkonzerte statt (▶ Infos in der Kulturinformation, S. 109). Zwischen Ankunft im Kloster und Konzert kann man sich die Zeit bei einem Spaziergang im angrenzenden waldähnlichen Park vertreiben.

MERIAN-Tipp 10

TEMPEL-SYNAGOGE/SYNAGOGA TEMPEL ▶ S. 121, E 6

»Wir gehen in den Tempel«, sagten Juden, wenn sie am Feiertag in Krakaus schönste Synagoge gingen. Der Gottesdienst wurde nicht nur auf Hebräisch, sondern auch auf Polnisch und Deutsch abgehalten, Männer und Frauen saßen nicht getrennt. Das erschien den Orthodoxen als Ketzerei, weshalb sie dreimal ausspuckten, wenn sie an der Synagoge vorbeigingen. Heute sieht das prachtvoll restaurierte Gotteshaus aus wie am Gründungstag: Es schwelgt in Gold und Ornamentik, Glasmalereien entfalten einen reichen Bilderbogen und Kandelaber sorgen für schummriges Licht. Gern wird es für Konzerte genutzt, dank der Logen wirkt die Synagoge ohnehin wie ein Theater.
Kazimierz • ul. Miodowa/ul. Podbrzezie • Tram: Miodowa • So–Fr 10–18 Uhr

Wer sich gern sportlich betätigen will, mietet sich ein Boot: An der Anlegestelle, fünf Gehminuten westlich des Wawel und knapp jenseits der Brücke **Dębnicki**, werden im Sommer Tret-, Paddel- und Ruderboote vermietet.

– Przystań Legenda • Wawel • Bulwar Czerwieński • Tel. 6 04 29 90 00 • www.statek-rakow.pl.
– Krakowska Żegluga Pasażerska • Wawel • Bulwar Czerwieński • Tel. 4 22 08 55 • www.nimfa.krakow.pl
– Bootsverleih (Przystań Wodny) • Wawel • Most Dębnicki

Im Fokus

Kazimierz Aufpolierte Synagogen, boomende Klezmer-Lokale und Künstlercafés – engagierte Erinnerungsarbeit oder bloße Vermarktung?

Einst hieß es über Polen: »Des Bauern Hölle, des Adeligen Himmel und des Juden Paradies«. Als während der Kreuzzüge christliche Fundamentalisten in Westeuropa Jagd auf Ketzer machten, gewährte ihnen der polnische König Asyl. So floss dem Land technisch-kaufmännisches Know-how zu: Juden waren geschickte Handwerker, als Bankiers und Kaufleute hatten sie Kontakte über alle Landesgrenzen hinweg. Sie hatten in Polen den Status von Kammerknechten, d. h., sie standen unter dem persönlichen Schutz des Königs, waren dem Zugriff der christlichen Geistlichkeit und der städtischen Gerichtsbarkeit entzogen. Der König gewährte ihnen das Recht, ihre Religion auszuüben und sich selbst zu verwalten. So hatten sie ihre Synagogen und Talmudschulen, rituelle Badehäuser und koschere Metzgereien sowie eigene Gerichte und Friedhöfe.

Doch »paradiesisch« war das Leben der Juden mitnichten. Auch in den Augen der polnischen Kirche waren sie Ketzer, und die christlichen Kaufleute betrachteten sie als ihre ärgsten Konkurrenten. In gemeinsamer Regie setzten sie deshalb 1495 durch, dass Krakau »judenfrei« wurde: Die jüdischen Glaubens- und Geschäftsrivalen wurden in die damals eigenständige, kroneigene Stadt Kazimierz zwangsumgesiedelt. Dort lebten sie inner-

◄ Mit seinen stimmungsvollen Cafés erinnert Kazimierz (▶ S. 64) ein wenig an das Pariser Quartier Latin.

halb eines eng umgrenzten Bezirks, von den »reinen Seelen« der Christen durch eine Mauer getrennt. Kazimierz entwickelte sich zur geistigen Hauptstadt der jüdischen Diaspora: In jeder Straße stand mindestens eine Synagoge, doch auch außerhalb Polens genossen die Vertreter der hiesigen Talmudhochschule ein hohes Ansehen.

Vom Juden- zum Armenviertel

Als die österreichischen Besatzer den Juden 1818 nach Zahlung eines saftigen Eintrittsgeldes wieder erlaubten, sich in der Krakauer Innenstadt anzusiedeln, blieben in Kazimierz nur die Armen zurück. Daran änderte sich auch nichts, als alle Juden 1867 volle Bürgerrechte und damit auch volle Bewegungsfreiheit erhielten. Noch 1926 berichtete der deutsche Arzt und Schriftsteller Alfred Döblin über Krakaus Armenviertel: »Ich lese die Firmenschilder Affenkraut, Stieglitz, Vogelfang, Goldstoff ... viele rothaarige Jüdinnen gehen herum, schmächtige Jungen marschieren in schwarzen Schaftstiefeln – lang wehen die Schläfenlocken hinter ihnen. Elender werden die Geschäfte, die Häuser sind völlig verwahrlost.«

Holocaust

Zu Beginn des Zweiten Weltkriegs lebten etwa 69 000 Juden in Krakau. Die deutschen Besatzer pferchten sie in ein Ghetto am Südufer der Weichsel, von wo sie erst ins Konzentrationslager Plaszów, dann nach Auschwitz deportiert wurden. 50 Jahre später

wurde ihr Schicksal zum Kino-Kassenschlager: »Krakau hat sein Geschichtsbuch für uns geöffnet und erlaubte uns, darauf zu tanzen.« So notierte Steven Spielberg, Regisseur des am Originalschauplatz gedrehten Films »Schindlers Liste«. Held des Hollywoodstreifens ist der Gestapo-Mann und Kriegsgewinnler Oskar Schindler, der dank jüdischer Sklavenarbeit eine florierende Fabrik am Rande des Ghettos betrieb. Gegen Kriegsende rettete er »seinen« 1200 Juden das Leben, indem er beim Reichsministerium durchsetzte, sie in seine Tochterfirma im mährischen Brünn zu verlegen. Auf der Suche nach den Drehorten des Films strömen die Touristen seitdem nach Kazimierz und Podgórze. Reisebüros bieten organisierte »Schindler-Touren« an, Lokale mit jüdischem Outfit servieren »gefilte fish« und »cymes«, abends erklingt Klezmer-Musik.

Jüdische Kultur heute

Die jüdische Gemeinde zählt heute nur 160 Mitglieder. 2005, 60 Jahre nach dem Ende des Zweiten Weltkriegs, erhielt sie mit Avraham Flak einen eigenen Rabbi, einen in Russland geborenen Israeli. 2008 durfte sie ihr neues Gemeindezentrum neben der Tempel-Synagoge einweihen – gestiftet vom Prince of Wales. In der Isaak-Synagoge hat die orthodoxe Stiftung Chabad Lubavitch ihren Sitz, das ehemalige Bethaus am Neuen Platz verwandelte sich in ein Jüdisches Kulturzentrum und das an der ul. Jakuba in die Cheder-Bibliothek. Auf judaistische Literatur spezialisiert sind die Büchereien Austeria (ul. Józefa 38), Jarden (ul. Szeroka 2) und jene im Galizischen Museum. Und immer mehr jüngere Krakauer entdecken ihre jüdischen Wurzeln ...

Museen und Galerien
Schätze aus mehr als tausend Jahren erwarten den Besucher – mit viel alter und neuer Kunst sowie Judaica. Das Highlight aber ist der hoch über der Weichsel thronende Wawel.

◄ Diese römischen Marmorstatuen sind in Polens ältestem Museum, dem Museum Czartoryskich (▶ S. 67), zu sehen.

Über zwei Millionen Kunstwerke sind in Krakau registriert. Sie sind über viele Museen verstreut, von denen sich die meisten in der Altstadt und im jüdischen Viertel Kazimierz befinden. Eine Ausnahme bildet das Nationalmuseum – es liegt westlich des Zentrums nahe der »Papst-Wiese« Błonia.

Verglichen mit den Eintrittspreisen für Museen in Westeuropa sind die in Krakau noch niedrig; wo sie mehr als 2 € betragen, werden sie in diesem Buch aufgeführt. Kinder erhalten in der Regel 30 bis 50 % Rabatt. An einem Tag in der Woche ist der Eintritt kostenlos. Fast alle Museen sind montags sowie feiertags geschlossen.

Archäologisches Museum/ Muzeum Archeologiczne

▶ S. 118, C 4

Durch den ehemaligen Kräutergarten der Karmelitermönche gelangt man in das Kloster – heute Museum –, das Krakauer Funde vom Paläolithikum bis zum Mittelalter zeigt. Darunter befinden sich die Statue der viergesichtigen slawischen Gottheit Światowid, die man aus dem Fluss gefischt hat, der Schmuck einer skythischen Prinzessin und Goldstücke aus einem Hunnengrab. Wer es noch exotischer mag, besucht die ägyptische Abteilung mit menschlichen und tierischen Mumien.

Stare Miasto • ul. Poselska 3 • Tram: Plac Wszystkich Świętych • www.ma. krakow.pl • Mo–Mi 9–14, Do 14–18, Fr, So 10–14 Uhr

Cricoteka

▶ S. 120, C 6

Tadeusz Kantor (1915–1990), so urteilte die Zeitschrift »art«, verkörpere das »äußerste Maß an Innovation, das das beschauliche Krakau verträgt«. Von Gemütlichkeit ist in Kantors Installationen freilich nichts zu entdecken: In seinem »Theater des Todes« schöpfte er aus christlich-jüdischer Erfahrungswelt, aus Surrealismus und Dadaismus. In der Cricoteka sind Bühnenfotos berühmter Stücke wie »Die tote Klasse« sowie Kantors Gemälde ausgestellt; auf Wunsch werden Filme der Aufführungen gezeigt. Jedes Jahr am 8. Dezember, Kantors Todestag, stehen vor der Cricoteka »lebendige Skulpturen«: Zwei chassidische Juden und der Ewige Wanderer, die Hauptfiguren aus dem Stück »Nie mehr kehre ich hierher zurück«, führen ein mimisches Gespräch. Weitere Werke werden voraussichtlich ab 2014 in einem großen Tadeusz-Kantor-Museum in Podgórze zu sehen sein (ul. Nadwiślańska).

Stare Miasto • ul. Kanonicza 5 • Tram: Plac Wszystkich Świętych • www. cricoteka.com.pl • Mo, Mi, Fr 8–16, Di, Do 10–18 Uhr

Leonardo da Vinci

Czartoryski-Museum/Muzeum Czartoryskich

▶ S. 119, D 3

Das älteste Museum Polens – ein Adelspalast, von Kopf bis Fuß angefüllt mit Kunst. Sie stammt aus dem Fundus der Czartoryski, einer der reichsten Adelsfamilien Polens. Ihre Sammelleidenschaft und das hierfür nötige Geld kannten keine Grenzen. Im ersten Stock durchschreitet man Kabinette mit Majolika und Meißener Porzellan, mit türkischen Feldzelten und Sargporträts, einer polnischen »Spezialität«. Im zweiten Stock hängen mehr als 400 Gemälde, darunter mehrere Meisterwerke. Von Lucas Cranach d. Ä. stammt eine verführerische »Judith« und von Rembrandt eine sturmgepeitschte »Landschaft mit gutem Samariter«. Das Glanzlicht der Sammlung ist freilich Leonardo da Vincis »Dame mit dem Hermelin« (1482), die den Vergleich mit der »Mona Lisa« nicht zu scheuen braucht. Das 54 x 40 cm große, auf ein Nussbaumbrett gepinselte Bild zeigt Cecilia Gallerani, die Geliebte des Mailänder Herzogs Lodovico Sforza. Mit zarter, aber fester Hand hat die junge Frau das Tier im Griff – ebenso mag es dem Herzog ergangen sein, der den Beinamen Erminio (=Hermelin) trug.

Im gegenüberliegenden »Kloster«, erreichbar über einen Hochgang, sind Waffen ausgestellt; im Arsenal befinden sich Kunstgegenstände aus Babylon, Assyrien, Griechenland und Rom, am meisten beeindrucken freilich zwei ägyptische Sarkophage mit ihren Mumien.

Stare Miasto • ul. św. Jana 19 • Tram: Basztowa LOT • www.muzeum-czartoryskich.krakow.pl • voraussichtlich bis 2012 geschl.

Erzbischöfliches Museum/ Muzeum Archidiecezjalne

▶ S. 120, C 6

Pilger aus aller Welt besuchen das Erzbischöfliche Museum, weil hier Karol Wojtyła, der spätere Papst Johannes Paul II., als Krakauer Kardinal lebte. Das Gedenkzimmer enthält Familienfotos, einen von ihm verfassten Gedichtband sowie seine Skier für Wochenendtrips in die Hohe Tatra.

Ein Info-Blatt hält seine wichtigsten Lebensstationen fest: 18-jährig kam der 1920 in Wadowice geborene Karol nach Krakau, um an der Jagiellonen-Universität Polonistik zu studieren. Nur ein Jahr war ihm vergönnt, dann marschierten die Deutschen in Krakau ein und untersagten den Polen jegliche höhere Bildung. Karol schlug sich als Arbeiter in einer Chemiefabrik durch, in seiner freien Zeit nahm er an Seminaren der »Untergrunduniversität« teil. Zu diesem Zeitpunkt suchte Karol Wojtyła sein Heil nicht länger in der Literatur, sondern bereits in der Theologie.

Nach dem Ende des Krieges legte der Geistliche dann eine kometenhafte Karriere hin: Schon 1958 war er Weih- und sechs Jahre später Erzbischof; 1967 brachte er es zum Krakauer Kardinal. Im Jahr 1978 erklomm er die höchste Sprosse der katholischen Hierarchie: Als erster Pole wurde er in Rom zum Papst gewählt. In der langen Zeit seines Pontifikats kehrte er mehrfach in seine Heimatstadt zurück, wobei er jeweils Millionen von Polen mobilisierte – stets gerieten die Wallfahrten zur politischen Demonstration gegen das sozialistische »Reich des Bösen«. 2005 ist Karol Wojtyła gestorben, 2011 wurde er seliggesprochen – in Polen wird er schon jetzt als Heiliger verehrt.

Wem der Sinn nicht nach Kult, sondern nach Kunst steht, inspiriert die Nebenräume. Unter dem seltsam monetären Motto »Kunst wertvoller als Gold« werden Gemälde, Skulpturen sowie Ikonen vom 14. bis 18. Jh. gezeigt, darunter mehrere »schöne Madonnen« und ein Reliefbild von Veit Stoß anno 1485.

Ins Haupthaus des Nationalmuseums (▶ S. 73) lockt vor allem die ungewöhnliche Galerie polnischer Kunst des 20. Jh.

Stare Miasto • ul. Kanonicza 19–21 • Tram: Plac Wszystkich Świętych • www.muzeumkra.diecezja.pl • Di–Fr 10–16, Sa, So 10–15 Uhr

Ethnographisches Museum/ Muzeum Etnograficzne
▶ S. 121, D 7

Das ehemalige Rathaus von Kazimierz (1414) beherbergt eine faszinierende Sammlung: komplette Inneneinrichtungen von Bauernkaten, Trachten aus allen Regionen Polens, Weihnachtskrippen und mobile Feldaltäre, naive Glasmalereien und Schnitzereien. Auch Exponate aus Afrika, Amerika und Asien werden gezeigt, darunter ein Schattenbild-Marionettentheater aus Java und sibirische Pelze.

Kazimierz • pl. Wolnica 1 • Tram: pl. Wolnica • www.etnomuseum.eu • Di–Sa 11–19, So 11–15 Uhr • Eintritt 2 €

Galerie des Internationalen Kulturzentrums/Galeria Międzynarodowego Centrum Kultury
▶ S. 118, C 4

Das »Haus zu den Raben« ist für Überraschungen gut. Im zweiten Stock werden hochkarätige Ausstellungen von Klassikern gezeigt. Die Palette reicht von Rembrandt bis zu den deutschen Expressionisten, von mittelalterlichen Altarbildern bis zum Gesamtwerk von Frans Masareel.

Stare Miasto • Rynek Główny 25 (zweiter Stock) • Tram: Plac Wszystkich Świętych • www.mck.krakow.pl • Di–So 10–18 Uhr • Eintritt 3 €

Galerie der Polnischen Malerei und Bildhauerkunst des 19. Jh./ Galeria Polskiego Malarstwa i Rzeźby XIX w.
▶ S. 118, C 3

Im Obergeschoss der Tuchhallen taucht man ein in »Polens Seele« –

viele Generationen haben sich an den hier ausgestellten Werken »gebildet«. Gigantisch ist Matejkos »Preußische Huldigung«, die detailversessen den Kniefall des deutschen Hochmeisters vor dem polnischen König 1525 zelebriert. Männerfantasien bündeln sich in der »Ekstase« von Władysław Podkowiński, der eine nackt-wollüstige Frau auf einem sich aufbäumenden Hengst reiten lässt. Dramatisch ist auch das »Viergespann« von Józef Chełmoński, das einen dahinrasenden Bauernfiaker von unten zeigt. Ein eigener Saal ist Piotr Michałowski, dem »polnischen Géricault«, gewidmet: Seine Spezialität sind in dramatischen Landschaften angesiedelte Reiterszenen. Erholen Sie sich von der Besichtigung auf den Dachterrassen der Tuchhallen mit weitem Blick über den Großen Markt!

Stare Miasto • Rynek Główny 1/3 • Tram: Plac Wszystkich Świętych • www.muzeum.krakow.pl • Di–Sa 10–20, So 10–18 Uhr • Eintritt 3 €, Kinder 1,50 €

Galizisches Museum/ Galicja Muzeum ▸ S. 121, E 7

Im Backsteinambiente einer ehemaligen Fabrik, einen Steinwurf von der Alten Synagoge entfernt, wird man mit Spuren jüdischen Lebens konfrontiert. Der englische Fotojournalist Chris Schwarz hat in Südostpolen, dem ehemaligen Galizien, Synagogen, Mikwe-Bäder und Friedhöfe besucht und sie in großformatigen Fotos festgehalten: eine nüchterne Bestandsaufnahme ohne nostalgisches oder folkloristisches Beiwerk. Angeschlossen sind ein Café und ein Judaica-Buchladen; mehrmals in der Woche finden hier Konzerte statt.

Kazimierz • ul. Dajwór 18 • Tram: Miodowa • www.galicjamuzeum.org • tgl. 10–18 Uhr • Eintritt 4 €, Kinder 2 €

Nicht nur die Kunstsammlung, auch die futuristische Architektur des Japanischen Zentrums »Manggha« (▸ S. 71) lohnt den Gang über den Fluss.

Ghettomuseum/Muzeum Pamięci Narodowej ▸ S. 121, F 8

Die einzige medizinische Einrichtung, die die Nationalsozialisten den 69 000 im Ghetto Podgórze zusammengepferchten Juden gewährten (▸ Im Fokus, S. 64), war die vom Nicht-Juden Tadeusz Pankiewicz geführte Apotheke zum Adler (Apteka Pod Orłem). Nicht nur Arzneimittel wurden hier ausgegeben, sondern Kassiber ins »arische« Krakau geschmuggelt und manch ein Fluchtversuch organisiert. Mit Fotos und Dokumenten wird der ermordeten Krakauer Juden gedacht.
Podgórze • pl. Bohaterów Getta 18 • Tram: pl. Bohaterów Getta • Mo 10–14, Di–Sa 10–16 Uhr

Historisches Museum der Stadt Krakau/Muzeum Historyczne Miasta Krakowa ▸ S. 118, C 3

Im Krzysztofory-Palais am Markt wird man in Krakaus Geschichte eingeführt. Der Schwerpunkt liegt auf dem 19. Jh. mit seinen Aufständen, der »Krakauer Republik« und der »Provinz Galizien«. In die Abteilung Kuriosa gehören das Lajkonik-Kostüm, mit dem ein »Tatar« jedes Jahr nach Fronleichnam in die Stadt reitet, sowie farbenprächtige Krakauer Weihnachtskrippen.
Stare Miasto • Rynek Główny 35 • Tram: Plac Wszystkich Świętych • www.mhk.pl • Di–So 10–17.30 Uhr • Eintritt 2 €

Jan-Matejko-Haus/Dom Jana Matejki ▸ S. 119, D 3

Im original erhaltenen Geburts- und Wohnhaus von Polens Nationalmaler Jan Matejko (1838–1893) werden Zeichnungen, Gemälde sowie persönliche Erinnerungsstücke gezeigt. Der Wohnsalon im ersten Stock blieb in unverändertem Zustand erhalten. Hier wurden viele berühmte Gäste empfangen, unter ihnen Kaiser Franz Joseph I., der Matejko im September 1880 persönlich kennenlernen wollte. Die Gemäldegalerie im zweiten Stock wird ergänzt durch Matejkos Entwürfe für die Wandbilder in der Marienkirche und ein Triptychon aus dem 16. Jh. Das Atelier befand sich noch ein Stockwerk höher, wo heute wechselnde Ausstellungen zu sehen sind.
Stare Miasto • ul. Floriańska 41 • Tram: Dworzec Główny • www.muzeum.krakow.pl • Di–Sa 10–18, So 10–16 Uhr • Eintritt 2 €

Japanisches Zentrum für Kunst und Technologie »Manggha«/Centrum Sztuki i Techniki apońskiej »Manggha« ▸ S. 120, B 7

Die große Sammlung japanischer Kunst hat Feliks Jasieński alias Manggha im Laufe seines langen, reiselustigen Lebens (1861–1929) zusammengetragen. Darunter sind virtuose Tuschezeichnungen von Geishas, Vögeln und Blumen, Möbel und dekorative Accessoires. In den Räumen werden zudem Wechselausstellungen fernöstlicher Kunst gezeigt; dazu passt das sich mit Panoramafenstern zum Wawel öffnende Sushi-Restaurant. Interessant ist die Entstehungsgeschichte des Zentrums: Entworfen wurde es vom japanischen Architekten Arata Isozaki und finanziert von Starregisseur Andrzej Wajda mit dem Geld eines Filmpreises, den er in Kyoto erhielt.
Dębniki • ul. Konopnickiej 26 • Tram: Most Grunwaldzki • www.manggha.krakow.pl • Di–So 10–18 Uhr • Eintritt 4 €, Kinder 2,50 €

Kunstbunker/ Bunkier Sztuki ► S. 118, C 3

Der »Kunstbunker« zeigt internationale Gegenwartskunst und sorgt damit manches Mal für Furore. Im konservativen Krakau versteht man unter »Kunst« handwerklich gut gemachte Bilder mit gefälligem Inhalt, nicht aber Installationen und Multimedia-Inszenierungen, die sich kritisch mit der Gegenwart auseinandersetzen.
Stare Miasto • pl. Szczepański 3-A • Tram: Teatr Bagatela • www.bunkier. art.pl • Di–So 11–18 Uhr

Kunstpalast/Pałac Sztuki
► S. 118, C 3

Der nach dem Vorbild des Wiener-Secession-Pavillons errichtete Palast huldigt der polnischen Malerei. Der Fassadenfries von Jacek Malczewski will Inspiration, künstlerische Glücksmomente und den Kampf des Genius zeigen; dazwischen gesetzt sind Büsten großer polnischer Maler, darunter auch von Jan Matejko. Über dem Portal prangt das vom Strahlenkranz der Erleuchtung eingerahmte Haupt des antiken Gottes Apoll. Der Verein, der den Kunstpalast im 19. Jh. gründete, hat durch Ankauf von Bildern und Skulpturen einen reichen Fundus zusammengetragen, aus dem später polnische Museen bestückt werden konnten. Heute sind die im Palast gezeigten Ausstellungen eher bieder und brav.
Stare Miasto • pl. Szczepański 4 • Tram: Teatr Bagatela • Mo–Fr 9–18, Sa, So 10–18 Uhr

Mehoffer-Museum/Muzeum Józefa Mehoffera ► S. 118, B 3

Das kleine Museum knapp westlich der Altstadt ehrt einen Künstler, der eng mit der Bewegung »Junges Polen« verknüpft ist: Zusammen mit seinem in diesem Haus geborenen Freund Stanisław Wyspiański rebellierte Józef Mehoffer (1869–1946) gegen Akademismus und Opportunismus des Fin de Siècle, mithilfe seiner Kunst wollte er die Verhältnisse zum Tanzen bringen. Er war ähnlich vielseitig wie sein Freund, arbeitete als Maler, Bühnenbildner und Innenarchitekt. Im Haus, das Mehoffer 1930 erwarb und das noch heute original eingerichtet ist, werden seine kleinformatigen Gemälde sowie Entwürfe für Glas- und Wandmalereien ausgestellt.
Nowy Świat • ul. Krupnicza 26 • Tram: Teatr Bagatela • www.muzeum. krakow.pl • Di–Sa 10–18, So 10–16 Uhr

Museum des unterirdischen Markts/Muzeum podziemi rynku
► S. 118, C 3

Unter dem Marktplatz befindet sich das mittelalterliche Krakau, viele Jahrhunderte war es verborgen, nun ist es wieder für die Öffentlichkeit zugänglich: Man spaziert 4 m unter der Erde durch Stollen und Hallen, vorbei an bröckeligen Mauern, passiert einen Raum mit »gläserner Fontäne« und die ehemalige Große Waage. Touchscreens und ein auf eine Rauchwand projizierter Film führen in Krakaus Geschichte ein; kurios sind einige am Fundort belassenen Objekte, so die Grabsteine und ein Pferdeschädel.
Stare Miasto • Sukiennice (Nordseite) • Tram: Plac Wszystkich Świętych • www.podziemiarynku.com • Mo, Mi–So 10–20, Di 10–16 Uhr, letzter Zutritt 75 Min. vor Schließung (jeden 1. Di im Monat geschl.) • Eintritt 4 €

Nationalmuseum/
Muzeum Narodowe   ▶ S. 118, A 4

Das nach Warschau größte Nationalmuseum Polens verteilt sich auf elf historische Gebäude. Der Hauptsitz, ein Monumentalbau zehn Gehminuten westlich der Altstadt, beherbergt drei unterschiedliche Sammlungen: Im Erdgeschoss befindet sich die nationalistisch ausgerichtete Ausstellung »Waffen und Farben Polens«, die mit Uniformen, vergoldeten Marschallstäben, Säbeln und Schwertern die Militärkunst feiert. Interessanter ist die Galerie des Kunsthandwerks im Obergeschoss mit handgearbeiteten Möbeln und Wohnaccessoires.

Will man die sehenswerteste Abteilung sehen, muss man in den zweiten Stock hinaufsteigen. Die hervorragend inszenierte Galerie polnischer Kunst des 20. Jh. zeigt im Westen wenig bekannte Maler und Bildhauer. Der Bogen spannt sich von den Grotesken eines Witold Wojtkiewicz über symbolistische Landschaftsbilder von Leon Wyczółkowski und unter Morphiumeinfluss entstandene »verrückte« Porträts von Stanisław Witkiewicz bis zur feministisch inspirierten Gegenwartskunst einer Marta Deskur. Der Schwerpunkt der Sammlung liegt auf der Krakauer Bewegung »Junges Polen«, die um 1900 das Kunstleben des Landes revolutionierte. Ihr Hauptvertreter war Stanisław Wyspiański, der hier mit farbenprächtigen Entwürfen für die Bleiglasfenster der Kathedrale vertreten ist. Sie zeigen die Geschichte »Polonias« von den Anfängen bis zum 20. Jh. Wyspiański, der als einer der größten polnischen Künstler gilt, wird mit einem monumentalen Denkmal vor dem Museum geehrt: Er steht auf einem hohen Podest und blickt auf die von ihm geschaffenen literarischen Figuren hinab: den »ewigen Juden« und die Fratze der Vergangenheit, einen sich von seinen Fesseln befrei

Für den Kunstpalast (▶ S. 72) stand der Wiener Secessions-Pavillon Pate.

enden Mann und einen antiken, vorwärts stürmenden Krieger. Geschaffen hat das Denkmal Marian Konieczny, der »Michelangelo des sozialistischen Realismus«, im Jahr 1982. Weitere Abteilungen des Nationalmuseums: Alte Synagoge, Czartoryski-Museum, Erzbischöfliches Museum, Schloss Pieskowa Skała im Ojców-Nationalpark u. a.

Nowy Świat • Gmach Główny • al. 3 Maja 1 • Tram: Cracovia • Tel. 2 95 55 95 • www.muzeum.krakow.pl • Di und Do 10–16, Mi, Fr, Sa 10–19, So 10–15 Uhr • Eintritt 4,50 €, Kinder 2,50 €

Palast des Bischofs Erasmus Ciołek/Pałac Biskupa Erazma Ciołka ▸ S. 120, C 6

Zwei großartige Sammlungen in einer früheren Residenz des Krakauer Domkapitels, erbaut 1505: Die Ausstellung »Kunst des Alten Polens 12.–18. Jh.« zeigt meisterhafte Skulpturen, darunter die der anmutigen Madonna von Krużlowa (1410), Altartafeln und bemalte Deckenbretter einer nicht mehr existierenden Kirche bei Bielsko-Biała. Mehrere Räume sind dem Wirken von Veit Stoß gewidmet, der den Krakauer Marienaltar geschnitzt hat; imposant sind die Renaissancegemälde von Hans Dürer und Giovanni Maria Padovano. Die zweite Ausstellung zeigt orthodoxe Kunst, eine der größten Ikonen-Sammlungen Mitteleuropas. Überwiegend stammen sie aus den Karpaten, dem südöstlichen Grenzland des alten Polen, aber auch vom Balkan und aus Griechenland. En passant wird die Entwicklung dieser Kunstgattung nachgezeichnet: von den stilisierten Bildern des Mittelalters bis zu den von westlicher Renaissance- und Barockkunst inspirierten Bildnissen des 17. und 18. Jh.

Stare Miasto • ul. Kanonicza 17 • Tram: Plac Wszystkich Świętych • Tel. 4 29 15 58 • www.muzeum. krakow.pl • Di–Sa 10–18, So 10–16 Uhr • Eintritt 3 €, Kinder 1,50 €

Pharmazie-Museum/ Muzeum Farmacji ▸ S. 119, D 3

Man staunt, was einst als Heilmittel galt: Innereien von Krokodilen, zerriebene Mumien, eingelegte Vipern und Küchenschaben … Man wandert durch Apotheken von anno dazumal, die aus Mahagoniholz gezimmert waren und wo Heilmittel in feinem Porzellan verwahrt waren. Auch die Originaleinrichtung der Apotheke unterm Adler ist zu sehen. Vom Dachstuhl wehen betörende Düfte heran, denn dort sind – jedes Jahr aufs Neue – Kräuter zum Trocknen aufgehängt.

Stare Miasto • ul. Floriańska 25 • Tram: Dworzec Główny • www. muzeumfarmacji.pl • Di 12–18, Mi–So 10–14 Uhr • Eintritt 2 €

WUSSTEN SIE, DASS …

… die weltweit erste Apothekerin in Krakau promoviert hat? Im Jahr 1821 erlangte sie die Doktorwürde.

Wawel 🔟 ▸ S. 120, C 6

Der Wawel, der sich 25 m über dem Weichselknie erhebt, ist Polens Nationalheiligtum Nummer eins. Auf seinem befestigten Gipfelplateau thront die Kathedrale, in der Könige gekrönt und beigesetzt wurden; vom Schloss nebenan herrschten sie über ein mächtiges Reich. Doch nicht nur für polnische Patrioten ist der Wawel ein »heiliger« Ort, der für die Verbindung von geistlicher und weltlicher Macht steht. Seit der Hügel neben Mekka, Jerusalem und Rom zu einem der sieben Chakren der Welt erklärt wurde, pilgern Esoteriker hierher, um sich mit positiver Energie aufzuladen. »Normalen« Besuchern bietet der Wawel Kunst und Architektur aus 1000 Jahren, einen schönen Blick auf die Weichsel und Terrassencafés im Grünen. Wer sich alles in Ruhe anschauen will, kann hier gut einen ganzen Tag verbringen; das Minimalprogramm umfasst 4 Std.

Auf dem Wawelhügel, einem Kalksteinplateau, das sich 25 m über der Weichsel erhebt, thront die den Heiligen Stanislaus und Wenzel geweihte Kathedrale (▶ S. 76).

Der klassische Aufstieg auf den Wawel erfolgt über die ul. Grodzka bzw. Kanonicza. Ein Paradeweg führt steil zum Eingangstor, unterwegs lüftet Tadeusz Kościuszko vom Pferd aus sein Barrett. Das Monument für Polens Nationalhelden entstand kurz nachdem Polen 1918 seine Unabhängigkeit wiedergewann. Damals wurden auch die vielen Plaketten in die Wehrmauer eingelassen – eine Hommage an die unzähligen Spender, die den Wiederaufbau des Wawel möglich machten.

Hinter dem Eingangstor öffnet sich ein weites, von mehreren Gebäuden gesäumtes Gelände: Links erhebt sich die Kathedrale, daran schließen sich im Uhrzeigersinn das Schloss, drei Türme und in der Südwestecke das Besucherzentrum (mit Kasse) an. Backsteinerne Kathedralenhäuser beschließen die Runde. Wer nicht auf gleichem Weg zurückgehen will, steigt am Senatorenturm über die ul. Bernardyńska zur Drachenhöhle am Weichselufer hinab, wo ein Bronzedrachen im Minutentakt Feuer speit (▸ MERIAN-Tipp, S. 43).

Wawel • Tram: Wawel • Tel. 4 22 51 55 • www.wawel.krakow.pl • tgl. 6–19.30 Uhr • Einzeltickets für alle Sehenswürdigkeiten (Achtung: unterschiedliche Öffnungzeiten!) bekommt man an der Kasse des Besucherzentrums: Vorbestellung möglich unter Tel. 4 22 16 97 • Eintritt 4–6 €, Kinder 3–4 €, im Wechsel ein Tag frei

Kathedrale/Katedra

Die Kathedrale ist eine der ältesten Kirchen Polens, ihr Grundstein wurde im Jahr 1000 gelegt. Heute präsentiert sich als Mausoleum: In den Kapellen ruhen verflossene Herrschergeschlechter sowie Nationalhelden, die sich nach Zerschlagung der Monarchie (1795) als Führer profilierten. 2005 hofften viele Krakauer, auch Johannes Paul II. würde in seiner Heimatkirche beigesetzt, doch der Vatikan war stärker als des Papstes letzter Wille.

Im Laufe von 1000 Jahren hat die Kathedrale viele Stile aufgenommen – von der Romanik über Gotik und Renaissance bis zu Barock und Art Nouveau.

WUSSTEN SIE, DASS …

… die Glöckner der Wawel-Kathedrale nur 20-mal im Jahr in Aktion treten? An hohen Feiertagen betätigen sie die Riesenglocken, die kilometerweit zu hören sind.

Am Hauptportal staunt man über effektvoll platzierte Knochen, die laut Legende vom Wawel-Drachen stammen sollen. Kaum weniger bizarr ist ihr realer Ursprung, handelt es sich doch um die Rippe eines Walfischs, den Schädel eines Nashorns und den Schenkel eines Dinosauriers. Derart eingestimmt, betritt man das von einem hohen gotischen Gewölbe überspannte Hauptschiff. Es wird von zwei Marmorgrabmälern für Władysław Jagiełło (1386–1434) und Władysław Warneńczyk (1434–1444) eingefasst, unter denen Polen zum flächenmäßig größten Reich Europas aufstieg. Dahinter steht der von einer Goldkuppel gekrönte Schrein für Polens Schutzpatron, den hl. Stanisław. Hinter dem Schrein erhebt sich der vergoldete Hauptaltar, vor dem die Könige gekrönt wurden. Der Erste an der Reihe war Władysław Łokietek (1306–1333), dem es nach über 250-jährigem staatlichem Zerfall gelang, das Land zu einen. Sein Sarkophag steht links vom Hauptaltar, während jener rechts von ihm die Reliquien der heiliggesprochenen Königin Jadwiga (1364–1400) birgt.

Die Kathedrale ist von 19 **Grabkapellen** eingefasst, jede spiegelt den Geist einer anderen Epoche wider. Drei der schönsten seien kurz vorgestellt: In der Heiligkreuzkapelle rechts vom Hauptportal steht das **Grabmal von Kazimierz Jagiełłończyk** (1447–1492). Geschaffen hat es Veit Stoß, der den liegenden König so realistisch in Szene setzte, dass man meint, er könne jederzeit die Augen aufschlagen und aufstehen. Über ihm spannt sich ein von ruthenischen Meistern ausgemaltes, geheimnisvolles Gewölbe. Vorbei an zwei weiteren Nischen kommt man zur 1664 geschaffenen **Kapelle der Wasa-Dynastie**. Dem Geist der Gegenreformation entsprechend, wird der Betrachter auf die Vergänglichkeit alles Irdischen eingestimmt.

Groß ist der Kontrast zur benachbarten, 140 Jahre früher entstandenen **Sigismund-Kapelle**. Sie ist von einer Kuppel überwölbt, die außen vergoldet und innen mit Blumenornamenten ausgelegt ist. Die Kapellenwände sind mit unterschiedlich getöntem rotem Marmor verkleidet, in die Renaissancemotive eingemeißelt sind. Gegenüber dem Altar steht das Doppelgrab für Zygmunt I. und Zygmunt II., unter deren Regentschaft Polen seine »goldene Zeit« erlebte.

Über die **Sakristei** im linken Seitenschiff ersteigt man den Zygmunt-Turm mit Polens größter Glocke: Sie wiegt 12 t, allein der Klöppel bringt es auf 300 kg. Gegossen wurde sie im Jahr 1520.

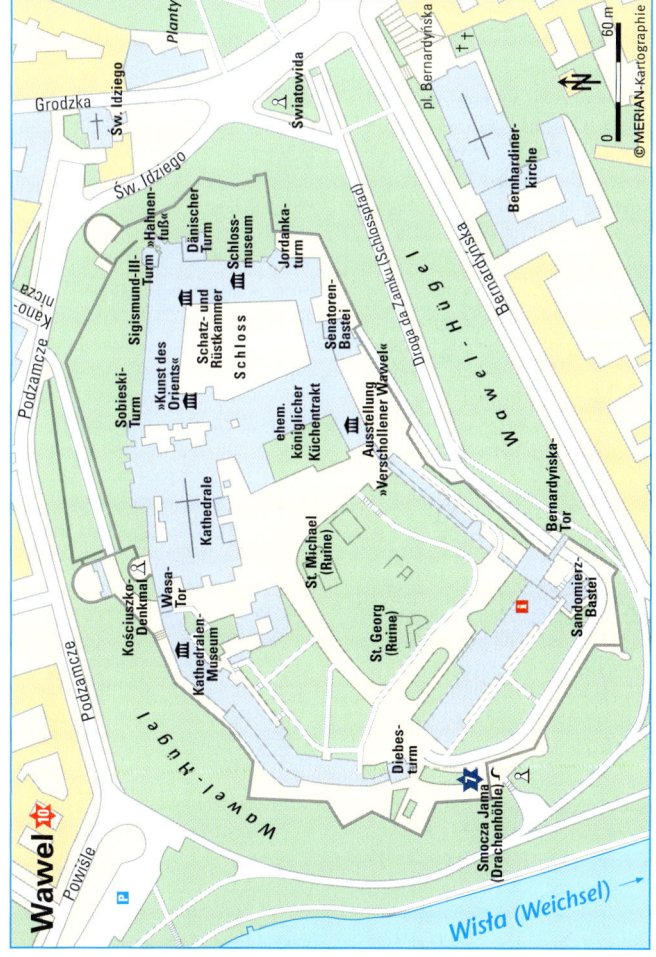

Spannend ist auch das Untergeschoss der Kirche. In der **Leonard-Krypta** stehen Sarkophage von einem Dutzend weiterer Monarchen. Auch drei Generäle dürfen hier ruhen (Kościuszko, Piłsudski, Sikorski); in einer separaten Krypta sind außerdem die drei größten romantischen Dichter Polens beigesetzt (Mickiewicz, Słowacki, Norwid).

Mo–Sa 9–17, So 12.30–17 Uhr, letzter Zugang 30 Min. vor Schließung

Schloss/Zamek

Durch ein Tor gelangt man in den Schlosshof. Mit seiner hellen Pflasterung und den hohen dreigeschossigen Arkaden erscheint er als Gegenentwurf zur düsteren Kathedrale. Nicht der Tod führt hier das Zepter, sondern die Lust am Genuss und weltliche Prachtentfaltung.

71 Räume sind zu besichtigen, die in sechs Ausstellungen gegliedert sind. Die **Königlichen Gemächer**, im Stil des 16. Jh. gehalten, dienten Repräsentationszwecken, im Rittersaal warteten Staatsgäste auf den königlichen Empfang. Um sich die Zeit zu vertreiben, konnten sie den von Hans Dürer 1535 gemalten Fries betrachten, auf dem ritterliche Vergnügungen dargestellt sind – man darf vermuten, dass auch die Wartenden fürstlich unterhalten wurden. Im nächsten Saal fallen die prächtigen Wandteppiche ins Auge. Sie bilden den Auftakt zu einer einmaligen Tapisserie-Kollektion, die von Zygmunt I. in Flandern bestellt wurde. Die meisten entstanden in der Stadt Arras, weshalb sie »arrasy« genannt werden. Die Arbeit an den 156 zentimetergenau für die Saalwände angefertigten Teppichen nahm zehn Jahre in Anspruch – dafür zählen sie

bis heute zu den schönsten weltweit. Ein besonders prachtvolles Exemplar, »Noah im Gespräch mit Gott«, hängt im benachbarten Audienzsaal, wo der König seine Gäste empfing. Damit sich jeder von ihnen repräsentiert fühlen konnte, wurde in jeder der 194 Holzkassetten an der Decke ein Charakterkopf angebracht – leider blieben nur 30 erhalten. Sebastian Tauerbach hat sie anno 1540 so ausdrucksstark geschnitzt, dass einer davon zu sprechen begann – woraufhin ihm der Künstler kurzerhand eine Maulbinde verpasste.

Durch eine Flucht weiterer Räume gelangt man in die große Senatorenhalle, deren Wände mit Teppichen verkleidet sind, die Motive aus dem »Leben von Adam und Eva« zeigen. Intimeren Charakter haben die **Privatapartments** des Königs: Ess-Saal, Schlafraum und Ankleidezimmer sowie zwei kleine Salons im sogenannten Hahnenfuß – einem weit vorspringenden Wehrturm.

Königliche Gemächer (Komnaty Królewskie) und Privatapartments (Priwatne Apartamenty Królewskie) • Mo 9.30–13, Di–Fr 9.30–17, Sa–So 11–18 Uhr, letzter Zugang 60 Min. vor Schließung

---

WUSSTEN SIE, DASS …

… der Krakauer Handkuss nach habsburgischer Tradition nicht nur mit den Lippen, sondern mit dem ganzen Körper vollführt wird?

Zu jedem Königsschloss gehört auch ein **Kronschatz**. Allerdings fällt er aufgrund von Plünderungen und Zerstörungen im Wawel eher dürftig aus. Highlight ist das berühmte Krönungsschwert mit Goldgriff aus

Zu den schönsten Stücken im Abgeordneten-Saal des Königsschlosses (▸ S. 78) gehören die aus Gold- und Silberfäden kunstvoll geknüpften flämischen Gobelins.

dem 13. Jh., das als Symbol für Tapferkeit galt. Interessant ist auch die **Waffenkammer** mit einer Vielzahl von Hieb- und Stichwaffen: Henkerschwerter, Dolche und Speere, Schilder und Helme sowie Husarenrüstungen. Auch die Banner, die Deutschen Ordensrittern 1410 in der Schlacht von Grunwald abgenommen wurden, sind zu sehen. Kronschatz- und Waffenkammer (Skarbiec Koronny i Zbrojownia) • Mo 9.30–13, Di–Fr 9.30–17, Sa–So 11–18 Uhr • letzter Zugang 75 Min. vor Schließung

Im Westflügel des Schlosses zeigt die Ausstellung »**Verschollener Wawel**« multimedial und anhand mehrerer Modelle, wie der Burghügel in verschiedenen Epochen ausgesehen hat. Eindrucksvoll sind die rekonstruierten Grundmauern der ältesten auf dem Hügel errichteten Steinkirche aus dem 10. oder 11. Jh. Sie war möglicherweise die erste christliche Kirche Polens. In die Ausstellung ist eine vorromanische Rotunde integriert, unter sich – laut New-Age-Jüngern – der heilige Chakra-Stein befinden soll.

»Verschollener Wawel« (Wawel Zaginiony) • Mo 9.30–13, Di–Fr 9.30–17, Sa, So 11–18 Uhr

Der Westflügel beherbergt auch die **Ausstellung Orientalischer Kunst**. Die Stücke wurden 1683 vor den Toren Wiens von Truppen Jan III. Sobieskis erbeutet, die das »christliche Abendland vor dem Islam« retteten. Dazu zählen reich geschmückte Zelte, in denen der Sultan während des Kriegszugs standesgemäß logierte, persische Teppiche, Schuppenpanzer und Säbel. Ausstellung Orientalische Kunst (Wystawa Sztuka Wschodu) • nur in Gruppen Mo–Fr 9.30–17, Sa, So 11–18 Uhr

Die von Läden und Cafés gesäumte Burggasse Grodzka (▶ S. 83) führt vom Großen Markt hinauf zum Wawel, Polens Nationalheiligtum.

Spaziergänge
und Ausflüge

Krakau ist klein, lässt sich gut zu Fuß erkunden.
Touren führen durch die Altstadt und das jüdische
Viertel – nur nach Nowa Huta muss man fahren.

Königsweg durch die Altstadt – Krakaus wichtigste Sehenswürdigkeiten

CHARAKTERISTIK: Der klassische Weg führt quer durch die Altstadt zum Wawel. »Königsweg« wird er genannt, weil auf ihm einst Polens zukünftige Monarchen durch die Stadt zogen, um in der Kathedrale gekrönt zu werden. Unterwegs lernt man Krakaus wichtigste Sehenswürdigkeiten kennen, vom Wawelberg am Ende der Tour genießt man einen schönen Blick auf die Weichsel **DAUER:** mind. 6 Std. (mit Besichtigungen), reine Gehzeit: 45 Min. **LÄNGE:** 1,5 km **EINKEHRTIPPS:** Café Jama Michalika (▸ S. 25), ul Floriańska 45, www.jamamichalika.pl • Café Noworolski (▸ S. 25), in den Tuchhallen (Sukiennice), Rynek Główny, www.noworolski.com

KARTE ▸ S. 118, D 2 – S. 120, C 6

Der Startpunkt dieses Spaziergangs durch die Krakauer Altstadt ist der lang gestreckte Plac Matejki am Nordeingang zur Altstadt. Das monumentale **Grunwald-Denkmal** zeigt König Władysław Jagiełło hoch zu Ross, ihm zu Füßen liegen gefallene Ordensritter. 1910 wurde das Denkmal enthüllt, um an die 500 Jahre zuvor stattgefundene, größte Schlacht des Mittelalters zu erinnern. Der königliche Blick ist auf die **Barbakane** gerichtet, eine Backsteinbastion, die Krakau einst vor feindlichem Angriff schützen sollte. Hinter ihr bietet das turmartige, um 1300 erbaute **Florianstor** (Brama Floriańska) Einlass in die Stadt. Die Figur des namensgebenden Heiligen prangt an der Südseite des Torturms. In seinem Schatten werden von Künstlern knallbunte Bilder verkauft. Die sich anschließende Floriańska präsentiert sich als attraktive Einkaufsstraße. In die reich verzierten Bürgerhäuser sind mittlerweile Markenläden eingezogen, die von dem hier nie versiegenden Menschenstrom profitieren wollen. Zwischen den Läden entdeckt man das legendäre **Café Jama Michalika**

(Nr. 45), das **Jan-Matejko-** und das **Pharmazie-Museum** (Nr. 41 und Nr. 25). Was die Floriańska besonders reizvoll macht, sind die an ihrem Ende aufragenden Türme der **Marienkirche** 6 – ein ferner Gruß aus dem Mittelalter.

Großer Marktplatz ▸ Burggasse

Am Ende der Floriańska öffnet sich der Große Marktplatz in seiner ganzen Weite und Pracht: Geradeaus sieht man die **Tuchhallen** 8 mit ihren eleganten Arkaden und das **Mickiewicz-Denkmal**, links die gewaltige Marienkirche. Ringsum ist der Platz von einem Kranz heller Paläste eingefasst. Es lohnt sich, ihn einmal zu umrunden und dabei die schönsten Fassaden und Innenhöfe anzuschauen. Im Restaurant Szara (Nr. 6) und im benachbarten »Haus unter den Salamandern« (Pod Jaszczurami, Nr. 8) fallen die schönen gotischen Gewölbe auf. Gut und teuer speist man in den Restaurants **Wierzynek** (Nr. 15) und **Wentzl** (Nr. 19) an der Südseite des Platzes. Nichts kostet dagegen der Besuch im Goethe-Institut, das im klassizistischen Potocki-Palais (Nr. 20) residiert. Vom Lesesaal im Obergeschoss hat man einen ungewöhnlichen Blick auf die Tuchhallen und die im Hintergrund aufragende Marienkirche. Die beiden sympathischen Bibliothekarinnen Jolanta Krzemień und Halina Niemirska freuen sich über Besuch »von auswärts«! Hübsch ist auch der Innenhof mit seinen doppelgeschossigen Arkaden.

An der Südwestecke des Platzes befindet sich das legendäre »Haus unter den Widdern« (Pod Baranami, Nr. 27). Fast 50 Jahre lang wetzte hier Polens schärfstes Kabarett seine Messer. Nach der Wende ist ihm zwar die Puste ausgegangen, doch werden die schummrigen Kellergewölbe immerhin für Konzerte und Tanzsessions genutzt. Über die Geschichte der Stadt informiert das **Historische Museum** in den oberen Stockwerken des Krzysztofory-Palais (Nr. 35); im Untergeschoss befindet sich eine düstere Kellerbar. Durch den Hallengang der Tuchhallen, die den Platz in seiner Mitte teilen, gelangt man wieder zur Südseite des Platzes, wo die **Grodzka** (**Burggasse**) ihren Ausgang nimmt.

Burggasse ▶ Wawel

Sie ist schnurgerade, kopfsteingepflastert und voller kleiner Läden in schmucken Bürgerhäusern – man achte auf die Reliefs, die Elefanten, Löwen und anderes Getier zeigen. Wo die Straße den Plac Wszystkich Świętych, den Platz Allerheiligen, quert, steht rechter Hand das moderne städtische Info-Zentrum. Abstecher lohnen zur **Dominikaner-** und zur **Franziskanerkirche**.

Vom Platz leicht zurückversetzt steht der neue **Wyspiański-Pavillon**. In dem mit beweglichen Backsteinziegeln gespickten schmalbrüstigen Bau entdeckt man Krakaus zentrale Touristeninformation. In der Folge wird es ruhiger, die barocke **Peter-und-Paul-** und die romanische **Andreaskirche** prägen das Straßenbild. Über den Plac św. Marii Magdaleny

Im Café Noworolski (▶ S. 25) werden Erinnerungen an Habsburger Zeiten wach.

schaut man hinüber zur Kanonikergasse, die im Spaziergang Im »Zauberring« der Planty beschrieben wird. Weiter südlich passiert man Krakaus einziges evangelisches Gotteshaus, die **Martinskirche** (Kościół św. Marcina). Über dem Eingangsportal prangt der lateinische Spruch »Du lebst vergeblich, wenn Du niemandem dienst«. Am Ende der Grodzka, am Fuß des Wawel, steht die winzige **Ägidiuskirche** (Kościół św. Idziego), die Polens Monarchen im 12. Jh. stifteten. Anschließend quert man die viel befahrene Ringstraße und steigt auf einem Promenadenweg zum **Wawel** 🔟 hinauf.

Im »Zauberring« der Planty – Promenade rund um die Altstadt

CHARAKTERISTIK: Rings um die Altstadt schmiegt sich der parkähnliche Ring der Planty. Über ruhige Gassen kann man Abstecher zu Sehenswürdigkeiten in der Altstadt unternehmen **DAUER:** 6 Std. (mit Besichtigungen), reine Gehzeit 2 Std. **LÄNGE:** 4 km **EINKEHRTIPPS:** Terrassencafé im Bunkier Sztuki (Kunstbunker), pl. Szczepański 3-A • Restaurant Bona, ul. Kanonicza 11, tgl. 10–21 Uhr € • La Campagna Trattoria, ul. Kanonicza 7, tgl. 10–22 Uhr €€
KARTE ▶ S. 118, C 3 – S. 121, D 6

In der Südwestecke des Großen Markts nimmt die św. Anny ihren Ausgang, die durch das mittelalterliche Univiertel führt. An der Ecke zur Jagiellońska steht das **Collegium Maius**; schräg gegenüber öffnet die **Annenkirche** für Studenten und Professoren. Die Straße mündet in die **Planty**, Krakaus »grüne Lunge«. Der Parkgürtel entstand auf dem ehemaligen, im 19. Jh. abgetragenen Festungswall, daher rührt auch sein Name: »Planieren« heißt so viel wie »einebnen, dem Erdboden gleichmachen«. Die 4 km lange Promenade sieht zu jeder Jahreszeit anders aus: Im Frühjahr blüht weißer und violetter Flieder, im Sommer leuchten die Bäume in allen Schattierungen von Grün, und im Herbst »platzen« die Kastanienbäume. Die Krakauer gehen hier gerne spazieren, Kinder tollen umher, und Jogger drehen ihre Runden. In gebührendem Abstand erinnern Denkmäler an verflossene Könige und Dichter, an historische und literarische Episoden.

Planty ▶ Czartoryksi-Museum

Folgt man dem Planty-Ring in nördlicher Richtung, passiert man den **Kunstbunker** und dessen konservatives Gegenstück, den **Kunstpalast**. Wenig später empfiehlt sich ein

Abstecher: Die stille Reformacka führt zur **Reformatorenkirche**, deren Krypta eine Überraschung bereithält. Anschließend biegt man in die Św. Marka ein, die ihren Namen gleichfalls einer Kirche verdankt: Die **Markuskirche** (Kościół św. Marka) entstand 1263, als König Bolesław V. Augustiner aus Prag anwarb. Die Mönche, die stets das Symbol des Herzens auf ihrer weißen Kutte trugen, formten auch die Kirchenkanzel in Form dieses Organs: Das mit viel Gold und Silber verkleidete »Herz« wird von einem Engel getragen.

An der nächsten Ecke zweigt links die ruhige Św. Jana ab, deren Kopfende die barocke **Piaristenkirche** bildet. Das angrenzende Kloster ist durch einen Hochgang mit dem **Czartoryski-Museum** verknüpft. Vorbei an der Open-Air-Galerie an der Stadtmauer folgt man der Pijarska bis zu ihrer Einmündung in die Planty – das »Nadelöhr«, über das alle Ankommenden vom nahe gelegenen Zug- und Busbahnhof in die Stadt strömen.

Słowacki-Theater ▶ Kanonicza

Um dem Trubel zu entkommen, hält man sich am ersten Park-Rondell rechts und passiert das opulente **Słowacki-Theater** (▶ MERIAN-

Tipp, S. 62) eine Miniaturausführung der Pariser Oper. In seinem Schatten versteckt sich die gotische **Heilig-Kreuz-Kirche** (Kościół Krzyża, Zugang über ul. św. Marka). Interessant ist sie aufgrund ihres palmartig aufgefächerten Gewölbes, das auf einer einzigen schlanken Säule ruht – ein Meisterwerk mittelalterlicher Steinmetzkunst.

Anschließend folgt man der Planty südwärts und spaziert an Kirchen und Klöstern vorbei, die durch hohe Mauern von der Außenwelt abgeschirmt sind. Zuerst erreicht man das Kloster der Dominikanerinnen, dann das ihrer männlichen Pendants. Nach Josef, Peter und Paul und Andreas sind die nachfolgenden Gotteshäuser benannt, deren Rückseiten im dichten Grün nahezu verschwinden.

Am Hotel Royal taucht man aus dem Dickicht auf, zur Rechten erhebt sich mächtig der **Wawel** 🔟 mit Schloss und Kathedrale. Um der viel befahrenen Straße am Fuß des Berges zu entkommen, biegt man nach wenigen Schritten rechts in die Kanonicza ein. Die Gasse strahlt klösterliche Ruhe aus. Der **Palast des Bischofs Erasmus** (Nr. 17), das **Ukrainische Kulturinstitut** (Nr. 15), das Lokal **La Campana** (Nr. 7) und das **Literaturcafé** im ehemaligen Inquisitionsgericht (Nr. 1) können besichtigt werden.

Kanonicza ▶ Großer Markt

Am Ende der Kanonicza folgt man der gewundenen Senacka zur Poselska und besucht den Garten des **Archäologischen Museums**, bevor man wieder in die Planty abtaucht. Vorbei an der **Franziskanerkirche** und der Päpstlichen Theologischen Akademie kehrt man anschließend zum Ausgangspunkt des Spaziergangs, dem Großen Markt, zurück.

Der Parkring Planty (▶ S. 84), die grüne Lunge Krakaus, trennt die Altstadt von den Vororten – bei schönem Wetter lädt er zum Spazierengehen und Joggen ein.

Das jüdische Krakau – Synagogen und Museen in Kazimierz ⑤

CHARAKTERISTIK: Der Spaziergang führt durch Kazimierz, das jüdische Viertel südlich der Altstadt. Unterwegs passiert man restaurierte Synagogen und Museen; eine längere Pause empfiehlt sich auf dem Hauptplatz, der einst das Zentrum des kulturellen jüdischen Lebens von ganz Polen war **DAUER:** mind. 6 Std. (mit Besichtigungen), reine Gehzeit 1,5 Std. **LÄNGE:** 2,5 km **EINKEHR-TIPPS:** Klezmer Hois (▸ S. 22), ul. Szeroka 6, Tel. 4 11 12 45, www.klezmer.pl €€ •

Arka Noego (▸ S. 22), ul. Szeroka 2, Tel. 4 29 15 28, www.arka-noego.pl €€)

KARTE ▸ S. 87

Vom Wawel gelangt man über die Stradomska und ihre Verlängerung, die Krakowska, ins Zentrum des christlichen Kazimierz. Von der Ecke **Krakowska/Józefa** ist es nur noch ein Katzensprung ins jüdische Viertel. Schon immer war die Józefa die Straße der Händler und Kaufleute, doch haben sich deren ehemalige Krämerbuden mittlerweile in Galerien, Schmuckläden und Bistros verwandelt. Im Haus Nr. 7 befindet sich eine Touristeninformation (Tel. 4 22 04 71, Mo–Fr 9–17 Uhr).

Am Ende der Straße, an der Ecke Józefa/Jakuba, passiert man ein erstes jüdisches Gotteshaus, die **Hohe Synagoge** (Synagoga Wysoka) mit einem Buchladen und einer Ausstellung zur Geschichte der Krakauer Juden (Mo–Do 9–19, Fr–Sa 9–20 Uhr, 3 €). Ihre Schlichtheit kontrastiert mit der Leichtigkeit der **Isaak-Synagoge** ein paar Schritte weiter: Hier hat die jüdisch-orthodoxe Stiftung Chabad Lubavitch ihren Sitz; der Seitenflügel beherbergt ein koscheres Lokal.

Szeroka ▸ Galicja Muzeum
Anschließend folgt man der Ciemna, der »dunklen Gasse«, zur Szeroka. In Wirklichkeit handelt es sich

nicht um eine »breite Straße« (poln. »szeroka«), sondern eher um einen lang gestreckten, kopfsteingepflasterten Platz. Über ihn schrieb Alfred Döblin in seiner im Jahr 1923 verfassten »Reise durch Polen«: »Abends sehe ich die Männer in Gruppen aus kleinen hell erleuchteten Betstuben wandern, in die engen Gassen von Kazimierz, der Krakauer Judenstadt: auf Halbschuhen, in weißen Strümpfen, kolossale Pelzmützen bis an die Ohren, die Strejmel.« Heute sind die zwei- bis dreigeschossigen Häuser frisch gestrichen, von der Fassade leuchten Aufschriften wie Ariel und **Rubinstein** (▸ MERIAN-Tipp, S. 23). Die Synagogen sind restauriert, ringsum reihen sich Terrassencafés. Am Südende des Platzes steht die **Alte Synagoge**, an der Westseite die **Remuh-** und an der Ostseite die **Popper-Synagoge**. Das ehemalige rituelle Badehaus, die **Mikwe**, befindet sich im Untergeschoss des Klezmer Hois (Nr. 6). Herrschaftlich ist das Jordan-Palais an der Nordseite des Platzes, wo man einen auf Judaica spezialisierten Buchladen entdeckt. Ein noch reicheres Sortiment findet man im **Galicja Muzeum** im Schatten der

Alten Synagoge. Überdies bietet es einen realitätsnahen Einblick in das jüdische Kulturerbe im heutigen Südosten Polens.

Galizisches Museum ▶ Neuer Jüdischer Friedhof

Nach dem Abstecher zum Galizischen Museum kehrt man zur Szeroka zurück und folgt der namenlosen Gasse, die am Ende des Hauses Szeroka Nr. 1 beginnt: Mit ihren nachgestellten jüdischen Fassaden will sie einen Eindruck vom Kazimierz der 1930er-Jahre vermitteln. Sie mündet in die Miodowa, der man rechts – über die viel befahrene Starowiślna und eine Zugunterführung hindurch – zum **Neuen Jüdischen Friedhof** folgt (Nowy Cmentarz Żydowski, ul. Miodowa 55, tgl.

außer Sa 8–18 Uhr). Mit seinen alten Bäumen und windschiefen Grabsteinen wirkt er wie ein romantisch verwilderter Park. Seit 1800 werden hier Juden beigesetzt, die frischen Gräber befinden sich unmittelbar vor dem Aussegnungssaal.

Neuer Jüdischer Friedhof ▶ Tempel-Synagoge

Anschließend geht man auf der Miodowa zurück, ein Stück über die Jakuba hinaus. Zur Linken passiert man die **Kupa Synagoge**, die mit Ansichten aus dem Heiligen Land bemalt ist (Synagoga Kupa, Eingang von ul. Warszauera 8, tgl. 10–16 Uhr). Zur Rechten ragt die prächtige **Tempel-Synagoge** (▶ MERIAN-Tipp, S. 63) auf, an die das neue Jüdische Zentrum grenzt. Hier

zweigt auch die autofreie, von Bars und Bistros gesäumte Podbrzezie ab. Wer eine Aufschrift sehen will, die an das ehemalige Hebräische Gymnasium erinnert, folgt der Gasse bis zur Einmündung der Brzozowa: »Eine Oase, in der man das Leben genießen, aber auch, wenn es einen danach gelüstete, etwas lernen konnte«, schrieb der ehemalige Schüler und spätere Schriftsteller Rafael Scharf.

Ein Stück weiter, an der Berka Joselewicza Nr. 5, lebte der »Barde der jüdischen Straße«, Mordechai Gebirtig: Seine in Jiddisch verfassten Lieder »Das sztetl brent«, »S'tut wej« und »Blajb gesunt mir, Krok« gehören zum festen Repertoire des Klezmer in der ganzen Welt. Das erste Lied verarbeitet einen Pogrom in Polen 1936, das zweite die Kollaboration junger Polen mit den Nazis und das letzte die Deportation der Juden in Konzentrationslager. Kurz nachdem es Gebirtig 1940 komponiert hatte, wurde er von einem deutschen Soldaten auf offener Straße erschossen.

Tempel-Synagoge ▸ Krakowska

Von der Tempel-Synagoge gelangt man über die Straße Estery zum **Neuen Platz** (Plac Nowy). In seiner Mitte steht die Markthalle, davor Obst- und Gemüsestände – wie bereits zu jüdischer Zeit. In die Bürgerhäuser ringsum sind sympathisch schräge Bars, Cafés und Hostels eingezogen – ein Anlaufpunkt für alternatives Jungvolk. Der architektonisch schönste Bau ist das **Jüdische Kulturzentrum** (Centrum Kultury Żydowskiej, ul. Meiselsa 17, Tel. 4 30 64 49, www.judaica.pl).

Über die **Meiselsa**, benannt nach dem gleichnamigen Rabbi, der Ende des 19. Jh. für einen gemeinsamen Unabhängigkeitskampf der Polen und Juden eintrat, gelangt man zur Krakowska, dem Ausgangspunkt der Tour, zurück.

Hinweis: Wer noch Lust und Zeit hat, kann den »jüdischen Spaziergang« in **Podgórze** auf der gegenüberliegenden Weichselseite fortsetzen. Am besten gelangt man dorthin über die neue, attraktive Fußgängerbrücke: Von der Meiselsa biegt man – noch vor Erreichen der Krakowska – in die Bonifraterska ein, von der die Mostowa geradewegs zur Brücke führt. Diese spannt sich nach Podgórze hinüber und dockt an einem barocken, von Szene-Lokalen gesäumten Platz an. Auf der ul. Nadwiślanńska, der »Straße an der Weichsel«, gelangen Sie – vorbei am neuen Muzeum Tadeusza Kantora – zum **Platz der Ghettohelden** (pl. Bohaterów Getta) mit der **Apotheke zum Adler**: Eine Installation gespenstisch platzierter, leerer Bronzestühle will an die Deportation der Juden erinnern. Am Platz der Ghettohelden queren Sie die viel befahrene Straße und folgen anschließend der ul. Kącik zur **Schindler-Fabrik** ⚡, die sich dem Konzept der »Living History« verschrieben hat: Besucher sollen die deutsche Besatzungszeit nachfühlen können. Im Süden von Podgórze – ca. 1,5 km entfernt – befindet sich das Gelände des **ehemaligen Arbeitslagers**.

Nowa Huta – ein angehendes »Welt-kulturerbe der UNESCO«

CHARAKTERISTIK: Weltweit gibt es zwei sozialistische Idealstädte, die auf dem Reißbrett entstanden: die eine ist Magnitogorsk in Russland, die andere Nowa Huta in Krakau **ANFAHRT:** Mit Tram 4 oder 15 ab Krakau Hauptbahnhof (Dworzec Główny PKP) über die ul. Lubicza und die al. Jana Pawła II. in 25 Min. zum Plac Central-ralny in Nowa Huta **DAUER:** 3 Std. (mit Besichtigungen), reine Gehzeit 1,5 Std. **LÄNGE:** ca. 4 km **EINKEHRTIPP:** Stylowa, Plac Centralny s/n, Tel. 6 44 26 19, www.restauracjastylowa.pl €
KARTE ▶ S. 119, ÖSTL. F 3, KLAPPE VORNE

Das »kommunistische Krakau« soll touristisch vermarktet werden; der Antrag, Nowa Huta auf die UNESCO-Liste des Weltkulturerbes zu setzen, ist bereits gestellt. Zwar wirkt das Viertel, das einen neuen Anstrich gut vertragen könnte, noch etwas trist, doch erhält man beim Spaziergang einen Eindruck vom eigenwilligen Architekturstil jener Zeit. En passant lernt man auch seinen Widerpart kennen: die Kirchen, die die Arbeiter dem »gottlosen Reich« abtrotzten.

Das 10 km östlich der Altstadt gelegene Viertel ist das Hassobjekt vieler Krakauer. Als sie sich 1946 in einem Referendum mehrheitlich gegen die Einführung des Sozialismus aussprachen, setzte ihnen die frisch gewählte sozialistische Regierung zur Strafe die »Neue Hütte« (Nowa Huta) vor die Nase. Die im Rekordtempo aus dem Boden gestampfte Arbeiterstadt – ein Geschenk Stalins an das polnische Volk – war als »Gegengift« zu Krakaus Konservatismus gedacht. Tausende junger Arbeiter sollten die traditionsbewusste Stadt »aufweichen«. 38 000 Männer und Frauen zogen in die auf plattem Land hochgezogenen Siedlungen, die all das verkör-

perten, was im sozialistischen Polen als modern galt: Sie hatten flächendeckende medizinische Versorgung und Bildungseinrichtungen bis hin zum Avantgarde-Volkstheater, Parks mit Seen und Sporteinrichtungen – an alles war gedacht. Im Gegenzug arbeiteten sie in Polens größtem, nach Lenin benanntem Kombinat und schmolzen jährlich bis zu 7 Mio. t hochwertigen Stahls. Freilich hatten die sozialistischen Planer die Rechnung ohne die »Hutniks«, die Bewohner Nowa Hutas, gemacht. Viele kamen vom Land, hielten sich in der Komfortwohnung Kleinvieh und fühlten sich in der Stadt deplatziert. Sie pfiffen auf die Volksbildung und wünschten sich stattdessen nichts sehnlicher als ein schmuckes Gotteshaus. Nach langen Kämpfen und der Intervention des Krakauer Kardinals, des späteren Papstes Johannes Paul II., wurde es ihnen gewährt.

Zu dieser Zeit war bereits alle sozialistische Euphorie verflogen: Um mit dem kapitalistischen Westen Schritt halten zu können, stand in Nowa Huta Produktivitätssteigerung um jeden Preis auf dem Plan. Schadstoffausstöße des Kombinats verpesteten die Luft, fraßen sich in die Lungen der Menschen und zersetzten Krakaus historische Fassaden. Zugleich wurden Preise erhöht und soziale Leistungen eingespart. Bald entwickelte sich Nowa Huta zur Widerstandsbastion, einer Hochburg der Gewerkschaft Solidarität. Doch die Hoffnung der Arbeiter auf bessere Zeiten wurde bitter enttäuscht: Zwar brachten sie die meisten Opfer für die »Transformation«, wie der radikale Übergang vom Sozialismus zum Kapitalismus in Amtssprache heißt, doch geht es vielen von ihnen heute keinen Deut besser. Als nach der Wende das britisch-indische Unternehmen Mittal Steel das Kombinat erwarb, »übernahm« es lediglich 2000 Arbeiter, also 5 % der ehemaligen Belegschaft. Heute sind von den 200 000 Bewohnern Nowa Hutas etwa 20 % arbeitslos. Das Unternehmen stieg indes zum weltweit führenden Stahlkonzern auf …

Plac Centralny (Plac Reagana) ▶
Sendzimir-Hütte (»Vatikan«)

Das Zentrum der mittlerweile eingemeindeten Stadt ist der fünfeckige **Plac Centralny**. Er liegt an ihrem Südrand, fast an der Weichselböschung, zu der er sich in einer schnurgeraden Sichtachse öffnet. Durchschnitten wird er von der **Allee Johannes Paul II.** (al. Jana Pawła II), im 45-Grad-Winkel gehen von ihr drei weitere Avenuen ab, die durch quer verlaufende Straßen miteinander verbunden sind und ein symmetrisches Spinnennetz bilden. Die dazwischen liegenden Viertel heißen Garten- und Grün-, Villen- und Sonnensiedlung und sind von einem Grüngürtel eingefasst. Der Platz ist von Monumentalbauten im »nationalen« Renaissancestil

gesäumt: Über hohen Arkaden verläuft ein Fries, darüber vier Geschosse und eine Attika. Mittlerweile bedauern es Krakaus Stadtväter, dass sie die einst auf dem Platz postierte 7 t schwere Lenin-Statue an ein schwedisches Kuriositätenkabinett verkauft haben – sie gäbe heute ein so gutes Aushängeschild für ein »sozialistisches Disneyland« ab! Nebst Lenin musste auch der Name des Platzes weichen: Seit 1990 heißt er offiziell Plac Reagana, weil der Sozialismus in der Regierungszeit des kalten US-Kriegers Ronald Reagan in die Knie gezwungen wurde. Durchgesetzt hat sich der Name freilich nicht: Die Polen, die mit der Aussprache des Englischen ihre liebe Not haben, nennen ihn schlicht »Plac Centralny«.

Die vom Platz sternförmig ausgehenden Boulevards sind von stattlichen Häusern mit Attiken und Arkaden flankiert. Einen Einblick in den damaligen Alltag vermittelt ein kleines Museum nördlich des Platzes (Słoneczne 16, www.mhk.pl, Mo geschl.).

Vom Zentralplatz führt die ehemalige Lenin-Allee, jetzt aleja Solidarności, in 15 Gehminuten zum Stahlwerk, das der Stadt Namen und Sinn gab. An ihrem Ende steht ein imposanter, für Normalbürger unzugänglicher Doppelbau, im Volksmund spöttisch »Vatikan« bzw. »Dogenpalast« genannt, das Empfangsgebäude der **Neuen Hütte**. Mit seiner gezinnten Attika und dem Säulenportal wirkt es wie eine schlossartige Festung. Erst stand in Riesenlettern »Huta Lenina« davor, dann – nach einem polnisch-amerikanischen Glücksritter, der mit der Verzinkung von Blech sein Vermögen machte, – »Huta im. T. Send-zimira«. Heute heißt es schlicht »Arcelor Mittal«.

Neue Hütte (»Vatikan«) ▶ Kirche Arche Noah

20 Gehminuten entfernt, am entge-gengesetzten Ende der Stadt, befin-det sich die **Kirche Arche Noah** (Kościół Arka Noego). Mit ihren runden Wänden und einem schrä-gen Dach erscheint sie als ein Ge-birge aus Beton, doch gedacht war sie als symbolischer Schutzraum im »Meer« der Gottlosigkeit. Das Was-ser-Motiv entdeckt man auch an der ringsum mit Kieselstein bedeckten Fassade: Bei Regen schillert sie wie der Schuppenpanzer eines Reptils.

Einen halben Kilometer weiter ist Utopia freilich abrupt vorbei: Die in den 1970er-Jahren aus dem Boden gestampften Außenbezirke von Nowa Huta sind wahrlich kein Beispiel für »ideale«, sondern eher für billige Wohnkonzepte – Platten-

hochhäuser mit mehr als 200 Woh-nungen pro Block für Krakaus schnell wachsende Bevölkerung.

Tipp: Wann immer es geht, sollte man den Ausflug nach Nowa Huta mit einem Theaterbesuch verbinden (aktuelle Termine in der Kultur-information erfragen). Mittlerweile haben viele Künstler Nowa Huta als Aktionsfeld entdeckt. Der Kont-rast zwischen Königsstadt und In-dustrie-Ödnis, zwischen Schein und Sein, scheint ihre Kreativität zu för-dern. Neben dem traditionell auf-müpfigen Volkstheater (Teatr Lu-dowy) macht vor allem das Theater Łaznia Nowa in der ehemaligen Elektrikerschule (Osiedle Szkolne 25) von sich reden.

INFORMATIONEN

Crazy Guides bietet Trabi-Touren durch Nowa Huta an (Hotel Floryan, ul. Floriańska 44, Tel. 5 00 09 12 00, www.crazyguides.com).

Wer Sightseeing der anderen Art wünscht, bucht eine Trabi-Tour und lässt sich durch die eingemeindete Industriestadt Nowa Huta (▶ S. 89) kutschieren.

AUSFLÜGE IN DIE UMGEBUNG

Auschwitz – Gedenkstätte des Grauens

CHARAKTERISTIK: Kein leichter »Stoff« für einen Ausflug, ein Kontrastprogramm zu Krakaus Schönheit und Genuss **ANFAHRT:** 70 km westlich von Krakau; mit Bus und Minibus gibt es häufige Verbindungen ab Busbahnhof (Fahrplan bei der Touristeninformation erfragen); mit dem Zug gelangt man zum Bahnhof Oświęcim, von wo man 2 km zur Gedenkstätte läuft oder den Bus (Nr. 24, 29) bzw. ein Taxi nimmt **DAUER:** mind. Halbtagesausflug **EINKEHRTIPPS:** Internationale Jugendbegegnungsstätte/Międzynarodowy Dom Spotkań Młodzieży, ul. Legionów 11, Tel. 0 33/8 43 21 07, www.mdsm.pl, 37 Zimmer €€
KARTE ▶ KLAPPE VORNE, S. 97

Eingangstor des ehemaligen Konzentrationslagers Auschwitz (▶ S. 92).

Größtes ehemaliges deutsches Arbeits- und Vernichtungslager, zugänglich als **Staatliches Museum Auschwitz-Birkenau**. Eingerichtet wurde das Lager 1940 am Rande des oberschlesischen Industrierreviers auf Initiative des Chemie-Konzerns IG Farben, zwecks Herstellung synthetischen Kautschuks. Schon bald wurde in den 39 Unterlagern nicht nur Kunststoff produziert, sondern alles, was für die deutsche Kriegsindustrie wichtig war. Als Arbeitssklaven dienten vor allem Juden, aber auch Sinti, Roma und Homosexuelle, polnische Priester und Intellektuelle.

Der Rundgang beginnt am Auschwitzer Eingangstor mit der Aufschrift »Arbeit macht frei« und führt über Medizinalabteilungen für Menschenversuche, Gaskammern und andere Hinrichtungsstätten bis zu den Krematorien, in denen die Leichen verbrannt wurden. Mehrmals tgl. wird ein 15-minütiger Dokumentarfilm, auch in deutscher Sprache, über die Befreiung des Lagers durch die Sowjet-Armee am 27. Januar 1945 gezeigt.

INFORMATIONEN

Im Juli/August gibt es stündlich einen Bus nach Birkenau (Auschwitz II), dem 1942 errichteten, 2 km entfernten Vernichtungslager. Państwowe Muzeum w Oświęcimiu, ul. Więźniów Oświęcimia 20 • Tel. 0 33/8 44 81 02 • www.auschwitzmuzeum.oswiecim.pl • tgl. 8–15 Uhr, im Sommer länger

Wallfahrtsort Częstochowa (Tschenstochau)

CHARAKTERISTIK: Im Kloster auf dem Hellen Berg erlebt man polnische Frömmigkeit wie nirgends sonst im Land **ANFAHRT:** 114 km nordwestlich von Krakau; vom Krakauer Hauptbahnhof mehrmals tgl. Zug- und Busverbindungen **DAUER:** Ganztagesausflug **EINKEHRTIPPS:** Hotel Ibis, Ul. Jaskrowska 22, Tel. 0 34/3 77 45 00, www.ibishotel.com, 126 Zimmer €€ • Bauernhütte Chata, al NMP 12-C, Tel. 0 34/3 24 33 44 € **AUSKUNFT:** al. NMP 65, Tel. 0 34/3 68 22 50 • www.czestochowa.pl, www.jasnagora.pl
KARTE ▶ KLAPPE HINTEN

Polens größter Wallfahrtsort ist die Heimstatt der **Schwarzen Madonna**, der »Königin Polens«. An wichtigen Marienfeiertagen kommen Hunderttausende, um ihren Segen zu erbitten. Über die »Allee der Allerheiligsten Jungfrau Maria« schreiten sie zum **Hellen Berg** (Jasna Góra), auf dem das Barockkloster mit der Kirche thront – schon von fern ist der 106 m hohe Turm sichtbar. Nachdem sie die Devotionalien- und Souvenirhändler hinter sich gelassen und die vier Eingangstore passiert haben, strömen die Menschen in die barockisierte **Basilika**, in der das Bildnis der Schwarzen Madonna hängt: Es zeigt eine dunkelhäutige Frau mit zwei Narben im Gesicht, die Haare sind unter einem Kopftuch versteckt. Sowohl die Schwertstiche als auch die dunkle Haut sind künstlerisch gewollt, stellen die Schwarze Madonna in die Tradition der »verwundeten Bilder«. In krassem Gegensatz dazu stehen die goldbestickten Gewänder, die ihr übergestülpt werden. Der Evangelist Lukas persönlich soll das Porträt der Maria erstellt haben. Auf wundersamen Wegen kam sie dann 1382 nach Częstochowa, wo sie ihre glanzvolle Karriere als Wundertäterin begann.

Im **600-Jahr-Museum** wird ihre Geschichte nachgezeichnet, in der Waffen- und Schatzkammer sind all die Kostbarkeiten ausgestellt, die ihr die Pilger geschenkt haben, darunter sind türkische Banner und Marschallstäbe; der Nationalmaler Matejko ist mit zwei Schlachtszenen vertreten. Sehenswert ist auch die Schatzkammer, wo Geschenke von VIPs aufbewahrt werden (Arsenał/Skarbiec, tgl. 9–16 Uhr).
Zum Abschluss empfiehlt sich der Aufstieg auf Polens höchsten Kirchturm – eine Terrasse in 106 m Höhe eröffnet einen weiten Rundblick auf die Klosteranlage, die Stadt und ihre Umgebung.

INFORMATIONEN

Das 600-Jahr-Museum (Muzeum Sześćetlecia) ist tgl. von 11 bis 16.30 Uhr, Schatzkammer und Arsenal (Skarbiec/Arsenał) sind tgl. von 9 bis 16 Uhr und der Aussichtsturm (Wieża Widokowa) im Sommer tgl. von 9 bis 16 Uhr geöffnet. Die meisten Pilger kommen an hohen Marienfeiertagen, so zur Krönung am 3. Mai, zur Himmelfahrt am 15. August, zum Geburtstag am 8. September und am 8. Dezember zu Mariä Empfängnis.

Nationalpark Pieninen

CHARAKTERISTIK: Die Hohe Tatra im Taschenformat: Hauptattraktion des Nationalparks ist ein Canyon, den man im Rahmen einer Floßtour erleben kann **ANFAHRT:** 71 km südlich von Krakau; vom Krakauer Hauptbahnhof Dworzec PKP ab 6.30 Uhr mehrmals tgl. bis Nowy Targ (Fahrtdauer: mind. 2,5 Std.), von dort mit häufig verkehrendem Bus nach Szczawnica (Fahrtdauer: 1,5 Std.). Mit dem Auto auf der Zakopianka-Route (E 77) bis Nowy Targ und von dort weiter in Richtung Szczawnica. Wer nicht motorisiert ist und die Floßfahrt unternehmen will, kann in Krakauer Reisebüros einen Pauschalausflug buchen, oft in Verbindung mit einer Tatra-Tour **DAUER:** Ganztagesausflug **EINKEHRTIPP:** Willa Jordanówka, os. Stylchin 32, Tel. 4 21 21 25 und 0 18/2 75 05 55, www.moranowka.jordan.pl, 11 Zimmer €€
KARTE ▶ KLAPPE HINTEN

Der kleine, schroffe Gebirgszug zwischen Hoher Tatra und Sandezer Beskiden ist seit 1954 als Nationalpark geschützt. Er wird vom Dunajec durchflossen, der sich hier ein tiefes Bett ins Gestein geschnitten hat. Seit sein Wasser gestaut wird, hat er allerdings an Wucht verloren. Der Stausee erstreckt sich am Westrand des Nationalparks zwischen den Grenzburgen **Czorsztyn** und **Niedzica**. Im Osten des Nationalparks liegt der Kurort **Szczawnica**, von dem man auf markierten Wegen den aussichtsreichen Drei-Kronen-Berg (982 m) besteigen kann. Westlich des Nationalparks lohnt ein Stopp in **Dębno**: Eine kleine, schindelgedeckte Holzkirche, die schon 500 Jahre jedem Wetter trotzt, wurde von der UNESCO in die Liste des Weltkulturerbes aufgenommen.

Ihr schlichtes Äußeres aus Lärchenholz lässt nicht ahnen, welcher Reichtum sich drinnen verbirgt: Sie ist von oben bis unten mit volkstümlich inspirierten Heiligenbildern und Bibelszenen ausgemalt, dazwischen lugen Tier- und Pflanzenornamente hervor. Die Schnitzereien passen bestens zu den Gemälden und offenbaren eine Welt archaischen Glaubens.

Floßfahrt in den Pieninen

Doch der Höhepunkt jeder Fahrt ist eine **Floßfahrt** in den Pieninen. Startpunkt ist Kąty 14 km westlich von Szczawnica: Sobald sich zehn Personen eingefunden haben, besteigt man das aus ausgehöhlten Baumstämmen bestehende und mit Tannenzweigen »gepolsterte« Boot. Mit kräftigem Schlag bugsiert ein Flößer das Gefährt in die Mitte des Dunajec, wo es von der Strömung erfasst wird und wie von selbst durch die Fluten gleitet. Man passiert einen Canyon mit 300 m senkrecht aufragenden Felswänden, dann wieder eine anmutige Feld- und Wiesenlandschaft. Kleinere Stromschnellen werden vom Flößer geschickt umgangen! Nach etwa 2 Std. endet die Fahrt in Szczawnica, wo die Gäste auf Wunsch mit einem Minibus zum Startpunkt zurückgebracht werden.

INFORMATIONEN

Przystań • Przystam Flisacka • Kąty/Sromowce Niżne • Tel. 0 18/2 62 97 21 • www.flisacy.com.pl • Mai–Sept. tgl. 8.30–16 Uhr • Preis ca. 11 €

Nationalpark Hohe Tatra

CHARAKTERISTIK: Das »kleinste Hochgebirge der Welt« bietet schroffe Gipfel und Gletscherseen, die man auf markierten Wegen erwandern kann. Auch für weniger Sportive ist diese Ziel lohnend: Die originelle Holzarchitektur sowie Küche und Folklore sind in ganz Polen einmalig **ANFAHRT:** 100 km südlich von Krakau; vom Krakauer Hauptbahnhof Dworzec PKP mit dem Zug ab 6.30 Uhr mehrmals tgl. erreichbar (Fahrtdauer über 3 Std.!). Werktags ist man schneller mit dem Bus ab Dworzec PKS (Tickets beim Fahrer), am Wochenende ist aber mit Staus zu rechnen. Mit dem Auto erreicht man Zakopane auf der Zakopianka-Route (E-77) **DAUER:** mind. Ganztagesausflug **EINKEHRTIPPS:** Belvedere, ul. Droga do Białego 3, Tel. 0 18/2 02 12 00, www.belvederehotel.pl, 175 Zimmer €€€€ • Bąkowo Zohylina, ul. Piłsudskiego 6 und 28-A, Tel. 0 18/2 06 62 16, www.zohylina.pl €€ **AUSKUNFT:** ul. Kościuszki 17, Tel. 0 18/2 01 22 11, www.zakopane.pl. Auch Privatzimmer werden vermittelt.

KARTE ▶ S. 95, S. 97

Südlich von Krakau türmen sich Gneis und Granit zu einem alpinen Gebirge, das als Nationalpark und UNESCO-Biosphärenreservat unter Naturschutz steht. Bester Ausgangspunkt ist der Ferienort **Zakopane** (825 m) am Fuß der Hohen Tatra, der im Sommer wie im Winter gut besucht ist. Traditionelle Holzhäu-

ser und greller Kommerz gehen eine nicht immer gelungene Symbiose ein, dafür entschädigen aber die herrlichen Gebirgszacken. Flaniermeile des Städtchens ist die von Bars und Cafés gesäumte Krupówki, die an ihrem Nordende in einen Bauernmarkt übergeht. An dessen Rand befindet sich die Talstation der

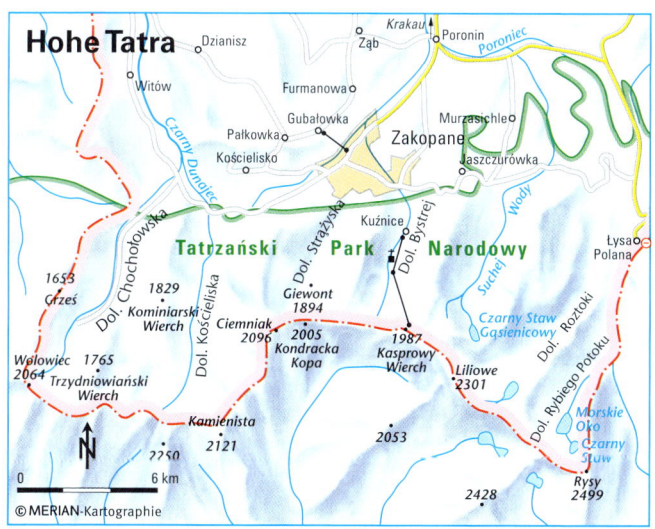

Bergbahn (8.30–19.30 Uhr) auf den 1120 m hohen **Gubałówka**, der die schönste Aussicht auf die schroffe Silhouette der Tatra bietet.

Wer höher hinaus will, fährt nach Kuźnice 2 km südöstlich von Zakopane, wo eine Seilbahn auf den Zweitausender **Kasprowy Wierch** hinaufführt (7.30–18 Uhr): Markierte Kammwanderungen eröffnen ein spektakuläres Panorama auf Grate und Gletscher; über das »Tal der fünf Seen« laufen konditionsstarke Wanderer nach Zakopane zurück.

Beliebt ist auch ein Ausflug zum Meeresauge (**Morskie Oko**) 20 km südwestlich von Zakopane: Der See liegt im Schatten von Polens höchstem Berg, dem **Rysy** (2499 m). Den Menschenmassen entkommt, wer den See umrundet und einen Abstecher zum 180 m höher gelegenen Schwarzen Teich (**Czarny Staw**) ein-

schiebt: Die Mühe des Aufstiegs wird mit einem grandiosen Ausblick belohnt! Erreichbar ist Morskie Oko von Zakopanes Bahnhof per Bus, der bis Palenica Białczańska fährt; von dort führt die Kutsche bzw. ein dreistündiger Wanderweg zum Ziel. Fußfaule finden in Zakopane ein gleichfalls reiches Betätigungsfeld. Das **Tatra-Museum** macht mit alpiner Flora und Fauna vertraut (ul. Krupówki 10, Di–Sa 9–17, So 9–15 Uhr, ca. 2 €). Ganz aus Holz erbaut sind die **Alte Dorfkirche** und die **Villa Koliba**. Letztere ist ein gutes Beispiel für den sogenannten Zakopane-Stil, Polens einzigen eigenständigen Beitrag zur Architektur (ul. Kościeliska 18, Mi–Sa 9–17, So 9–15 Uhr, ca. 2 €).

Der Besuch des Nationalparks Hohe Tatra kann gut mit dem des benachbarten Nationalparks Pieninen verknüpft werden.

Salzbergwerk Wieliczka

CHARAKTERISTIK: Das weltweit größte und älteste Salzbergwerk **ANFAHRT:** 15 km südöstlich von Krakau; vom Krakauer Hauptbahnhof stündl. Züge bzw. halbstündl. Busse **DAUER:** Halbtagesausflug **EINKEHRTIPP:** Imbisslokal »Unter Tage« €

KARTE ▸ S. 97, KLAPPE VORNE

Ziel dieses Ausflugs ist das 800-jährige Salzbergwerk Wieliczka (deutsch: Groß Salze), das von der UNESCO 1989 zum Weltkulturerbe erklärt wurde. Auf neun Sohlen entstand ein etwa 300 km langes Labyrinth ineinander verschachtelter Stollen, von denen 2 km für Besucher zugänglich sind. Man passiert Kristallgrotten, schwarze Seen sowie Säle, in deren glitzernde Salzwände Reliefs und Skulpturen eingemeißelt sind.

Die St. Antonius Kapelle stammt aus dem 17. Jh., der mit 22 000 cbm Fassungsvermögen größte Saal ist nach Königin Kinga benannt und gibt den Rahmen für Konzerte ab – seine Wände sind mit Szenen aus dem Neuen Testament bedeckt. Selbst ein Sanatorium gibt es unter Tage: Bronchitis- und Asthmakranke fahren täglich 135 m in die Unterwelt hinab und atmen in der kühlen, bakterienfreien Luft gelöstes Salz. Schriftsteller Alfred Döblin, der das Salzbergwerk 1923 besuchte, fühlte sich in eine »Touristenfalle« gelockt. Er schrieb: »Eine Sehenswürdigkeit mit Führern, Riesensälen, Ballsaal, Kunigundensaal, Piłsudskisaal, Kapellen. Alles aus Salz, worüber ich staunen sollte. Wenn es Beton gewesen wäre oder Bonbonzucker, hätte es mir ebenso wenig gemacht … man trieb mich Touristen wie das Vieh, sie hatten noch ein Ungetüm von Saal und noch eins in petto.«

INFORMATIONEN

Informationszentrum Salzbergwerk:

– in Krakau: ul. Wiślna 12-A, Tel. 0 4 26 20 50   ▶ S. 118, C 4
– in Wieliczka: Kopalnia Soli, ul. Daniłowicza 10, Tel. 2 78 73 02, April–Okt. tgl. 7.30–19.30, Nov.–März tgl. 8–16 Uhr, Besuch nur im Rahmen einer 90-minütigen geführten Tour bei 12–14 °C, Eintritt 10–15 €).

Museum Wieliczka
www.muzeum.wieliczka.pl

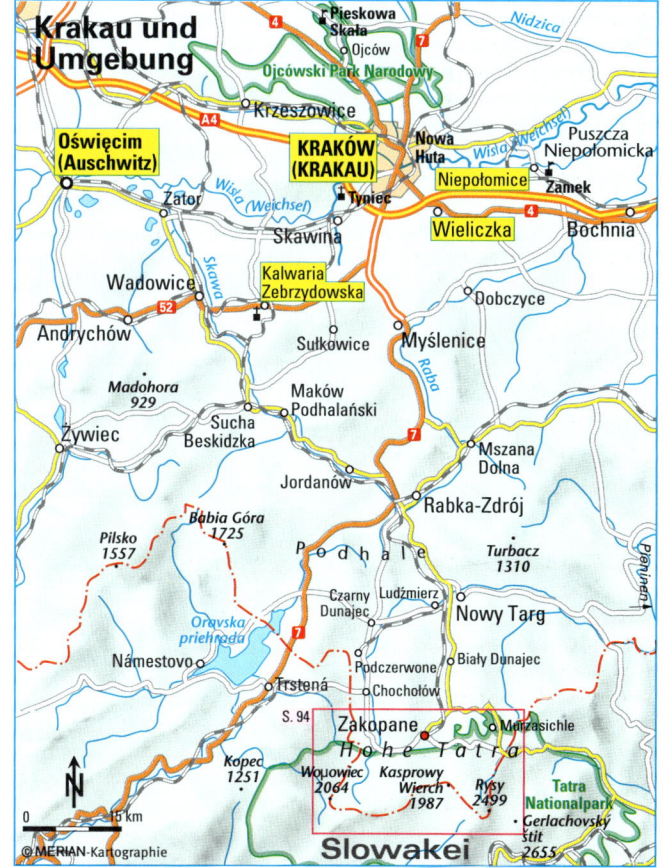

In den Tuchhallen, den Sukiennice
(▸ S. 62), gingen einst edle Stoffe über
den Tresen – heute wird hier Kunsthandwerk aus ganz Polen angeboten.

Wissenswertes
über Krakau

Nützliche Informationen für einen gelungenen
Aufenthalt: Fakten über Land, Leute und Geschichte
sowie Reisepraktisches von A bis Z.

Auf einen Blick

Mehr erfahren über Krakau – Informationen über Land und Leute, von Bevölkerung über Politik und Verwaltung bis Religion und Wirtschaft.

AMTSSPRACHE: Polnisch
BEVÖLKERUNG: 95 % ethnische Polen, restliche 5 %: Juden, Roma & Sinti, EU-Bürger
EINWOHNER: 760 000 *Wie t.fen*
FLÄCHE: 327 qkm
RELIGION: überwiegend römisch-katholisch (ca. 95 %)
INTERNET: www.krakow.pl
VERWALTUNG: Krakau ist Hauptstadt von Kleinpolen (Małapolska), einer der 16 Woiwodschaften Polens
WÄHRUNG: Złoty

Lage und Geografie

Die ehemalige Hauptstadt liegt im Süden des Landes am Oberlauf der Weichsel (Wisła), Polens längstem Fluss. Südlich von Krakau beginnt Podhale, das »Land unter den Gipfeln«, das Vorgebirge der Tatra. Die unmittelbare Umgebung von Krakau ist hügelig und besteht aus Jurakalkstein. Der knapp nördlich von Krakau gelegene Ojców-Nationalpark erstreckt sich längs einer stark erodierten Schlucht mit Höhlen.

Politik und Verwaltung

Krakau besteht aus 18 Stadtteilen, längst eingemeindet sind die ehemals eigenständigen Städte Kazimierz und Kleparz. Krakau ist eine der wenigen Städte Polens, in der die SLD, der sozialdemokratische Bund der Demokratischen Linken (SLD), den Bürgermeister stellt – und dies

◄ Der Trompeter im Glockenturm der
Marienkirche lockt viele Touristen an.

nun schon seit vielen Jahren. Stark
ist auch die Bürgerplattform PO,
eine konservativ-neoliberale Par-
tei, die mit Donald Tusk seit 2007
auch den Ministerpräsidenten stellt.
Danach folgt die europakritische,
rechtspopulistische PiS (»Recht und
Gerechtigkeit«) unter Führung von
Jarosław Kaczyński, dessen Zwil-
lingsbruder Lech 2010 beim Flug-
zeugabsturz in Smolensk ums Leben
kam. Viele Anhänger hat auch die
Bauernpartei (PSL).

Religion

Die überwältigende Mehrheit der
Bewohner bekennt sich zum rö-
misch-katholischen Glauben (ca.
95 %). Mehr als hundert Kirchen
und Dutzende Klöster, das Priester-
und das Erzbischöfliche Seminar
sowie eine Reihe von Kultorten zu
Ehren des seliggesprochenen »Krakauer Papstes« Johannes Paul II.
künden davon. Gleichfalls vertreten sind die Orthodoxen und Unier-
ten Christen, die aus dem Westen
der heutigen Ukraine stammen (vor
1945 war das Gebiet polnisch). Die
jüdische Gemeinde, vor dem Zweiten Weltkrieg eine der größten in
Europa, besteht heute nur noch aus
wenigen Hundert Menschen. Kaum
größer ist die Gemeinde der Pro-
testanten, die von den polnischen
Katholiken seit jeher als »Ketzer«
angesehen werden. Auch Moslems
gibt es nur wenige.

Sprache

Das Polnische gehört zu den west-
slawischen Sprachen – sie gilt als die
schwierigste im Verbund. Sie leis-
tet sich sieben Deklinationsfälle und
viele weitere grammatikalische Be-
sonderheiten. Charakteristisch für
das Polnische sind die Nasale, die
man auch aus dem Französischen
kennt, sowie einige Zischlaute und
die weich ausgesprochenen Konsonanten. Für Nicht-Polen ist besonders die massive Häufung von
Konsonanten ein recht großes
sprachliches Hindernis.

Wirtschaft

Zwar ist Polen eines der wenigen
Länder, das durch die Weltwirt-
schaftskrise nicht in die Rezession
abgerutscht ist. Doch hat sich das
Wachstum stark abgeschwächt, aus-
ländische Direktinvestitionen sind
zurückgegangen, und die staatliche
Gesamtverschuldung erhöhte sich
auf über 50 %. Zum neoliberalen
Anti-Krisen-Programm zählen die
Förderung von Kurzarbeit und
Flexibilisierung des Arbeitsrechts,
Privatisierung verbliebener Staats-
firmen, Übernahme staatlicher Ga-
rantien und Bürgschaften sowie
Steuererleichterungen für bestimmte Industriesektoren. Wie Frau
Krakau ist relativ gut durch die
Krise gekommen. Die Arbeitslosig-
keit tendiert gegen null (polnischer
Landesschnitt ca. 9 %). Die Stadt
lebt in erster Linie von der Dienst-
leistung und vom Tourismus. Vor
den Toren der Stadt wurde ein
großer Technologiepark eingerichtet, in dem internationale und polnische IT-Firmen Soft- und Hardware
für den globalen Markt herstellen.
Die Stahlindustrie von Nowa Huta,
einst das wirtschaftliche Standbein
Krakaus, macht nur noch einen
Bruchteil des städtischen Brutto-
sozialprodukts aus.

Geschichte

50 000 v. Chr.

Auf dem Wawelberg über der Weichsel entsteht eine erste Siedlung.

1. bis 4. Jh. n. Chr.

Münzfunde belegen, dass die Bewohner der heutigen Krakauer Region mit dem Römischen Reich Handel trieben.

6. Jh.

Im Zuge der Völkerwanderung wandern Slawen aus der Dnjepr-Region in das Gebiet des heutigen Polen ein; ein Stamm lässt sich an der oberen Weichsel nieder und nimmt den Namen »Wislane« (= Weichselbewohner) an. Der Gründungsmythos der Stadt beruft sich auf einen Stammesfürsten namens »Krak«, dem es gelingt, einen an der Weichsel lebenden Drachen zu töten und damit die Voraussetzung für eine friedliche Ansiedlung zu schaffen.

885

Die Wislanen werden dem Großmährischen Reich eingegliedert.

965

Das erstmals schriftlich erwähnte »Karoko« unterhält Handelskontakte, die von Kiew bis Konstantinopel reichen.

Um 1000

Im Westen eint Mieszko I. (992/945–992) die slawischen Polanen-Stämme, konvertiert zum Christentum und erlangt damit päpstlichen, d. h. internationalen Schutz. Bolesław I. verleibt seinem Reich Polen die Wislanen ein, lässt auf dem Wawel eine Burg mit Kathedrale errichten.

1000

Mieszkos Sohn Bolesław I. (ca. 965–1025) erwirkt die Unabhängigkeit vom Deutschen Kaiserreich, was durch die Gründung einer eigenen polnischen Kirchenorganisation unterstrichen wird: Dem neuen Erzbistum in Gnesen unterstehen vier Bistümer, darunter eines in Krakau. Wenig später wird auf dem Wawelhügel mit dem Bau einer Kathedrale begonnen.

1038

Nach dem Einfall der Böhmen in Westpolen wird die Hauptstadt von Gnesen nach Krakau verlegt, der Wawel wird Regierungssitz.

1138

Die dynastischen Wirren nach dem Tod Bolesławs III. (1085–1138) führen zu einer Staatskrise, als deren Resultat die Erbfolge neu geregelt wird: Die vier Söhne Bolesławs erhalten im Rahmen der Senioratsverfassung jeweils ein Herzogtum, wobei der Älteste, Władysław II., Herzog von Krakau und damit oberster Lehnsherr wird. In der Folge kommt es zu militärischen Konflikten zwischen den rivalisierenden Herzögen – Polens Zentralmacht zerfällt.

1241/1257

Das geschwächte Land wird leichte Beute der Tataren: Krakau wird verwüstet, danach folgt ein ambitionierter Wiederaufbau. 1257 erwirbt Krakau das Magdeburger Stadtrecht, viele Immigranten sind Juden und Deutsche. Letztere stellen bald die Elite der Stadt, Deutsch wird Amtssprache.

1333–1370

Sein Nachfolger Kazimierz III. »der Große« (1333–1370) baut die Zentralmacht aus, gründet 1364 die Universität und die später eingemeindeten Städte Kazimierz und Kleparz.

1370–1569

Da er ohne Nachkommen stirbt, wird seine Nichte Jadwiga Polens Königin. Sie wird mit dem litauischen Großfürsten Jagiełło (Begründer der Jagiellonen-Dynastie) verheiratet. Der neue polnisch-litauische Staat zwingt den expansiven Deutschen Orden in die Knie und verleibt sich Teile dessen Gebiets ein – das Königreich ist nun eines der größten in Europa.

1572

Die Jagiellonen-Dynastie erlischt, statt der Erb- wird die Wahlmonarchie eingeführt. Der vom Adel gewählte König regiert wie ein »abrufbarer Konzernchef« (A. Krzemiński), der die Interessen der Großaristokraten durchsetzt.

1596/1609

Die Hauptstadt wird von Krakau nach Warschau verlegt.

17. Jh.

Polen wird in verlustreiche Kriege mit Schweden, Russland und dem Osmanischen Reich verwickelt.

1772–1795

Die Schwäche der Zentralmacht ermöglicht es den absolutistisch regierten Nachbarn, den »polnischen Kuchen« aufzuteilen: Österreich, Preußen und Russland annektieren das Land – Krakau kommt zu Österreich.

1815–1867

Krakau wird zur »Freistadt« erklärt – allerdings nur vorübergehend.

1918–1939

Nach dem Ersten Weltkrieg wird Polen – nach 123 Jahren Fremdherrschaft – wieder souverän.

1939–1945

Deutsche Truppen besetzen Polen, der Zweite Weltkrieg beginnt. Krakau wird Hauptstadt des kolonial verwalteten Generalgouvernements. Die Juden werden 1941 in ein Ghetto gepfercht, deportiert und ermordet.

1945–1989

Nach der Niederlage der Deutschen wird Polen »sozialistische Volksrepublik« unter Einfluss der Sowjetunion. 1949 wird die proletarische Vorzeigestadt Nowa Huta erbaut, 1978 wird Krakau UNESCO-Weltkulturerbe.

1989–2004

Aufgrund des Zerfalls der Sowjetunion und der Massenproteste der Gewerkschaft Solidarität dankt das sozialistische System 1989/90 ab und wird durch das kapitalistische abgelöst. 1999 tritt Polen der NATO, 2004 der EU bei.

2009

In der Regierungszeit der bei den Parlamentswahlen von 2007 siegreichen neoliberalen Bürgerplattform (PO) entspannt sich das Verhältnis zu Deutschland.

2011/12

Mithilfe von EU-Geldern entstehen eine neue Infrastruktur und viele kulturelle Einrichtungen.

Sprachführer Polnisch

Aussprache

ę	nasaliert wie im französischen Jean Gabin
ą	nasaliert wie im französischen bon
ł	ähnlich dem englischen where
ś	ein weiches sch
ć	ein weiches dch wie in Mädchen
ń	ähnlich dem nj in Anja
ó	entspricht dem kurzen u in Mund
ż, rz	ähnlich dem französischen journal
z	wie stimmhaftes s in Sonne, doch im Auslaut stimmlos
sz	entspricht sch wie in Schach
cz	entspricht tsch wie in Tschechien

Wichtige Wörter und Ausdrücke

Ja – tak [tak]

Nein – nie [niee]

Bitte – proszę [prosche]

Danke – dziękuję [dsieekuje]

Wie bitte? – Proszę? [prosche]

Ich verstehe nicht – nie rozumiem [niee rosumieem]

Entschuldigung – przepraszam [pscheprascham]

Guten Tag – dziem dobry [dsieenj dobri]

Guten Abend – dobry wieczór [dobri wietschur]

Auf Wiedersehen – do widzenia [do wiedsenia]

Ich heiße … – Nazywam się … [nasiwam sche]

Ich komme aus … – Jestem z … [jestem s …]

Wie geht es Ihnen? – Jak się Pan/Pani (m/w) ma? [jak sche pan/pani ma]

Danke, gut – dziękuję, dobrze [dschekuje, dobsche]

Wer, was – kto, co [kto, zo]

Wie viel – ile [iele]

Wo ist – gdzie jest [gdsche jest]

Sprechen Sie Deutsch? – Mówi Pan/Pani (m/w) po niemiecku? [muvi pan/pani po nieemiezku?]

Heute – dziśaj [dschischai]

Morgen – jutro [jutro]

Zahlen

0 – zero [sero]

1 – jeden [jeden]

2 – dwa [dva]

3 – trzy [tschi]

4 – cztery [tschteri]

5 – pięć [pietsch]

6 – sześć [schechts]

7 – siedem [sieedem]

8 – osiem [oschieem]

9 – dziewięć [dschieevietsch]

10 – dziesięć [dschesieetsch]

100 – sto [sto]

1000 – tysiąc [tischaz]

Wochentage

Montag – poniedzialek [poniedschalek]

Dienstag – wtorek [wtorek]

Mittwoch – środa [schroda]

Donnerstag – czwartek [tschwartek]

Freitag – piątek [piatek]

Samstag – sobota [sobota]

Sonntag – niedziela [nieedschela]

Unterwegs

Wie weit ist es nach …? – Jak daleko jest do … [jak daleko jest do]

Wo ist … – Gdzie jest … [gdschie jest]

– der Bahnhof/Busbahnhof – dworzec PKP/[dwoschez pkp] dworzec PKS [dwoschez pks]

– die nächste Bus-Station –
najbliższy przystanek autobusowy
[najblischschi pschistanek auto-
busowi]

– die Touristeninformation –
informacja turystyczna [informa-
cia turistitschna]

– die nächste Bank najbliższy
[najblischschi bank]

Benzin – benzyna [bensina]

– bleifrei (mit einem durchgestri-
chenen Pb 95 gekennzeichnet) –
benzyna bezolowiowa [bensina-
besolowiowa]

– Super – benzyna wysokooktano-
wa [bensina wisokooktanowa]

– Diesel (gekennzeichnet als ON) –
olej napędowy [olej napedowy]

Eine Fahrkarte nach … bitte! –
Poproszę bilet do …! [poprosche
bilet do …]

Ich möchte Euro in Zloty wechseln – Chciałbym/Chciałabym
(m/w) wymienić euro na złote
[hcialabim wimienitsch euro na
slote]

links – wlewo [w lewo]

rechts – wprawo [w prawo]

Übernachten

Haben Sie ein Zimmer frei? –
Czy ma Pan/Pani (m/w) wolny
pokój? [tschi ma pan/pani wolny
pokuj]

Ich möchte ein Zimmer … –
Chciałbym/chciałabym (m/w)
pokój [hcialabim pokuj]

– für eine Nacht – na jedną noc
[na jedna noc]

– mit Frühstück – ze śniadaniem
[se schniadaniem]

– mit Halbpension ze śniadaniem i
kolacja [se schniadaniem i kolacja]

Wie viel kostet ein Zimmer? –
Ile kosztuje pokój? [ile kosztuje
pokuj]

Kann ich mit Kreditkarte zahlen? –
Czy mogę placić kartą kredytową?
[tschi moge platsits karta kredi-
towa]

Essen und Trinken

Die Speisekarte bitte – Proszę
menu [prosche menu]

Die Rechnung bitte! – Proszę
rachunek! [prosche rachunek]

Wo finde ich die Toiletten? – Gdzie
są toalety? [gdsie sa toaleti]

Frühstück – śniadanie [schniada-
niee]

Mittagessen – obiad [obiad]

Abendessen – kolacja [kolazja]

Einkaufen

Wo gibt es …? – Gdzie jest …?
[gdschie jest ...?]

Haben Sie …? – Pan/Pani ma ...?
[pan/pani ma ...?]

Wie viel kostet das? – Ile to kosztuje? [ile to koschtuje?]

Geben Sie mir bitte … Gramm/ein
Pfund/ein Kilo – Proszę mi dać ...
gram/pół kilo/kilogram [prosche
mi dahtsch gram/pul kilo/kilo-
gram …]

Geöffnet – otwarty [otwarti]

Geschlossen – zamknięty [sam-
knjeti]

Bäckerei – piekarnia [pjekarnja]

Kaufhaus – dom towarowy [dom
towarowi]

Lebensmittelgeschäft – sklep spo-
żywczy [sklep sposchtschiwtschi]

Metzgerei – sklep mięsny [sklep
mijesni]

Briefmarken für einen Brief/eine
Postkarte nach Deutschland/
Österreich/in die Schweiz –
znacki na list/pocztówka do
Niemiec/Austrii/Szwajcarii
[snatschki na list/potschtuwka do
Njemec/Austrij/Schwajcarji]

Kulinarisches Lexikon

B
barszcz czerwony – Rote-Bete-
  Suppe
– z krokotkiem – Rote-Bete-Suppe
  mit Fleischkrokette
– z uszkami – Rote-Bete-Suppe mit
  kleinen Teigtaschen
befsztyk – Beefsteak
– tatarski – Beefsteak-Tatar
bigos – Krautgulasch mit Pilzen

C
chleb – Brot
chłodnik – Kaltschale aus Roter
  Bete
ciastko – Kuchen
cielęcina – Kalbfleisch
cukier – Zucker

D
dania bezmięsne – fleischlose
  Gerichte
– jarskie – vegetarische Gerichte
– mięsne – Fleischgerichte
– rybne – Fischgerichte
desery – Nachtisch
drób – Geflügel
dziczyna – Wild
dżem – Marmelade

F
fasolka szparagowa – grüne
  Bohnen
filet z kurczaka – Hähnchenfilet
flaki – Kutteln
frytki – Pommes frites

G
golonka – Eisbein
gołąbki – mit Fleisch und Reis
  gefüllte Krautrouladen
grzyby – Pilze
– marynowane – marinierte Pilze
gulasz wołowy – Rindsgulasch

H
herbata – Tee
– z cytryną – Tee mit Zitrone
– mlekiem – Tee mit Milch

J
jabłka – Äpfel
jajecznica – Rührei
jajko – Ei

K
kaczka pieczona z jabłkami –
  gebratene Ente mit Äpfeln
kapuśniak – Sauerkrautsuppe
kapusta kiszona – Sauerkraut
– z grzybami – Kraut mit Pilzen
karp po Żydowsku – Karpfen
  »auf jüdische Art« in Aspik
kawa – Kaffee
– z mleczkiem – Kaffee mit Milch
– z bitą śmietaną – Kaffee mit Sahne
kiełbasa – Wurst
– z rożna – Grillwurst
kotlet szabowy – Schweineschnitzel
– mielony – Hackschnitzel
kurczak – Hähnchen

L
lody – Eis
łosoś – Lachs

M
makowiec – Mohnkuchen
masło – Butter
miód pitny – Honigwein, Met
mizeria – Gurkensalat mit saurer
  Sahne
mleko – Milch
– kwaśne – Sauermilch

N
napoje – Getränke
– alkoholowe – alkoholische
  Getränke

– bezalkoholowe – alkoholfreie Getränke
– owocowe – Fruchtgetränke

O
oscypek – geräucherter Tatra-Schafskäse mit EU-Gütesiegel
owoce – Früchte, Obst

P
pieczarki – Champignons
pieczeń – Braten
– huzarska – gefüllter Rindsbraten
– z dzika – Wildschweinbraten
– wieprzowa – Schweinebraten
pieczywo – Gebäck
pieprz – Pfeffer
pierogi – gefüllte Teigtaschen
– po ruskie – »auf Russisch« mit Schichtkäse, Kartoffeln und Zwiebeln
– z mięsem – mit Fleisch
– z kapustą – mit Sauerkraut
piwo – Bier
placki ziemniaczane – Kartoffelpuffer
polędwica – Lendenstück
potrawka – Ragout
– z kurczaka – Geflügelragout
– cielęca – Kalbsragout
pstrąg – Forelle

R
rosół – Brühe
rumsztyk – Rumpsteak
ryba smażona – gebratener Fisch
– wędzona – geräucherter Fisch
ryż – Reis

S
sałatka – grüner Salat
– jarzynowa – Gemüsesalat
– z pomidorów – Tomatensalat
sandacz – Zander
ser biały – Schichtkäse, Quark
– żółty – Hartkäse

sielawa – Maräne
śledź w śmietanie – Hering in Sahnesoße
śledź w oleju – Hering in Öl
sok – Saft
– pomarańczowy – Orangensaft
– pomidorowy – Tomatensaft
– jabłkowy – Apfelsaft
– z czarnej poreczki – Johannisbeersaft
sól – Salz
surówka – Rohkost, Salatbeilage
– z marchewki – Karottensalat
– z pomidorów – Tomatensalat
szarlotka – Apfelkuchen
szaszłyk – Fleischspieß
szczawiowa – Sauerampfersuppe
sznycel – Schnitzel
śmietana – Sahne

T
twaróg – Quark, Schichtkäse
truskawki – Erdbeeren

W
warzywa – Gemüse
węgorz wędzony – geräucherter Aal
wieprzowina – Schweinefleisch
wino – Wein
– białe – Weißwein
– czerwone – Rotwein
– grzane – Glühwein
woda mineralna – Mineralwasser
wołowina – Rindfleisch

Z
zając w śmietanie – Hase in Sahne
ziemnaki – Kartoffeln
zupa – Suppe
– grzybowa – Pilzsuppe
– jarzynowa – Gemüsesuppe
– ogórkowa – Gurkensuppe
– pomidorowa – Tomatensuppe
żurek – Roggenmehlsuppe
– w chlebie – im ausgehöhlten Brotlaib

Reisepraktisches von A–Z

ANREISE

MIT DEM AUTO

Autofahrern stehen zahlreiche Grenzübergänge zur Wahl, die meisten von Deutschland, weitere von Tschechien und der Slowakei. Sie sind in der Regel rund um die Uhr geöffnet, man bekommt dort nützliche Informationen und kann Geld wechseln. Autofahrer benötigen bei der Einreise den nationalen Führerschein und den Kfz-Schein, am Wagen ist das Länderkennzeichen anzubringen.

Die Verkehrsinfrastruktur wird mit EU-Mitteln stetig verbessert, der Ausbau der Autobahnen schreitet zügig voran. Die Entrichtung der Gebühren auf den bereits fertiggestellten Strecken verteilt sich über mehrere Mautstationen. Ohne Unterbrechung kommt man schon jetzt von Frankfurt über Dresden nach Krakau die Zwischenstationen auf der A 4 in Polen sind Breslau (Wrocław) in Niederschlesien, Oppeln (Opole) im Oppelner Land und Kattowitz (Katowice) in Oberschlesien.

MIT DER BAHN

Von allen größeren Städten gibt es internationale Verbindungen nach Polen. Direkt kommt man z. B. von Hamburg, Berlin bzw. Wien nach Krakau. Besonders attraktiv ist das Reisen im Nachtzug: Der Schaffner erledigt für den Fahrgast die Passkontrolle, am frühen Morgen steigt man ausgeschlafen am Krakauer Hauptbahnhof aus (Dworzec PKP/ Kraków Główny).

Günstig wird die Bahnfahrt, wenn man die Sonderregelungen der Deutschen Bahn in Verbindung mit der BahnCard und den speziellen Angeboten nutzt (z. B. **Europa-Spezial Polen**). Details zu den aktuellen Spartarifen erhält man unter dem Stichwort »Plan & Spar Europa« in den Reisezentren der Deutschen Bahn, in Reisebüros mit DB-Lizenz, beim telefonischen ReiseService 1 18 61 (gebührenpflichtig) und im Internet unter www.bahn.de. Fahrplanauskünfte bekommt man unter der kostenlosen Rufnummer 08 00/ 1 50 70 90 rund um die Uhr über das praktische Sprachdialogsystem.

In Österreich erhält man Infos unter Tel. 0 5/17 17 (www.oebb.at), in der Schweiz unter Tel. 09 00/30 03 00 (www.sbb.ch).

MIT DEM BUS

Per Fernbus kommt man von einer Vielzahl deutscher Städte nach Krakau, allerdings ist der Fahrpreis meist höher als im Billigflieger. Regelmäßige Verbindungen nach Krakau bietet z. B. die Deutsche Touring-GmbH in Kooperation mit Eurolines (Servicehotline: 0 69/7 90 35 01, www.touring.de).

MIT DEM FAHRRAD

Am Bahnschalter des Abfahrtsortes kauft man eine internationale Fahrradkarte, mit der man in dafür zugelassenen Zügen die Grenze passieren und bis zum polnischen Zielbahnhof weiterreisen kann. Die Radfahrer-Hotline (Tel. 0 18 05/15 14 15) erteilt Auskunft zu Reiseverbindungen, Kosten für Fahrradmitnahme und Versand. Nützlich ist auch die Gratis-Broschüre »Bahn & Bike«, erhältlich an den DB-Verkaufsstellen und ServicePoints.

Wer sein Fahrrad im Flugzeug mitnehmen will, muss für die sichere Verpackung selbst sorgen. Der Lenker hat parallel zum Rahmen zu stehen, die Pedale müssen abmontiert oder nach innen gedreht sein; die Luft ist aus den Reifen zu lassen.

Die früher mögliche Anreise im Fahrradbus gibt es übrigens mittlerweile nicht mehr.

MIT DEM FLUGZEUG

Dank diversen Billigfliegern wie Germanwings, Easyjet und Wizzair kommt man mittlerweile recht günstig nach Krakau. Direktflüge, auch mit Linienfluggesellschaften wie LOT, Lufthansa und Austrian Airlines, gibt es ab Frankfurt, Wien und Zürich sowie vielen anderen Städten. Den aktuellen Flugplan findet man unter www.lotnisko-balice.pl. Der internationale Flughafen liegt in Balice 15 km westlich der Stadt und ist nach Papst Johannes Paul II. benannt (Port Lotniczy im. Jana Pawła II Kraków-Balice). Er besteht aus zwei Terminals (T1 = internationale Flüge, T2 = nationale Flüge) mit Touristeninfo, Wechselstube und Autoverleihfirmen.

Transfer nach Krakau: Ein kostenloser Shuttle-Bus bringt die Ankommenden vom Terminal T1 zur nahe gelegenen Haltestelle der **Schnellbahn**. Diese fährt etwa alle 30 Min. zum Krakauer Hauptbahnhof, die Fahrt dauert 15 Min. Wer am Terminal kein Ticket gekauft hat, kann dies ohne Aufpreis beim Schaffner nachholen – wer nur Euro hat, zahlt einen erhöhten Preis.

Alternativ kann man den günstigen **Stadtbus** benutzen: Mit Linie 192 und 208 kommt man zwischen 5 und 23 Uhr alle 20–30 Min. zum Bahnhof.

Die Fahrt mit dem **Taxi** vom Flughafen zum Stadtzentrum sollte nicht mehr als 20 € kosten, nachts und sonntags ist mit einem deutlichen Aufschlag zu rechnen.

Auf www.atmosfair.de und www.myclimate.org kann jeder Reisende durch eine Spende für Klimaschutzprojekte für die CO_2-Emission seines Fluges aufkommen.

AUSKUNFT

IN DEUTSCHLAND
Polnisches Fremdenverkehrsamt
Kurfürstendamm 71, 10709 Berlin • Tel. 0 30/2 10 09 20 • www.polen.travel/de

IN ÖSTERREICH
Polnisches Fremdenverkehrsamt
Fleschgasse 34/2a • 1130 Wien • Tel. 01 524 71 91 • www.polen.travel/de-at

IN KRAKAU
Städtische Touristeninfo
Info Kraków ▸ S. 118, C 4
Stare Miasto • Wyspiański-Pavillon • Plac Wszystkich Świętych 3–4 (ul. Grodzka) • Tel. 6 16 18 86 • www.infokrakow.pl • tgl. 9–19 Uhr

Stadt- und Kulturinformation
Info Kraków ▸ S. 118, C 3
Stare Miasto • ul. św. Jana 2 • Tel. 4 21 77 87 • www.karnet.krakow.pl • tgl. 10–18 Uhr

Weitere Infostellen befinden sich am Flughafen (▸ S. 118, westl. A 4), im Rathausturm auf dem Großen Markt (▸ S. 118, C 3), im Parkgürtel Planty nahe beim Słowacki-Theater (▸ S. 119, D 3) sowie im Viertel Kazimierz in der ul. Józefa 7 (▸ S. 121, D 7).

BUCHTIPPS

Izabella Gawin/Dieter Schulze: Kulturschock Polen (Reise Know-How, 2006) Vom Handkuss bis zum Madonnenfieber werden all jene mitunter irritierenden Erfahrungen beschrieben, die man im Umgang mit dem Nachbarn machen kann.
Emil Brix (Hg.): Krakau: Europa erlesen (Wieser Verlag, 2002) Unterschiedlichste Autoren äußern sich zu Krakau, u. a. Joseph Conrad.

DIPLOMATISCHE VERTRETUNGEN

Deutsches Generalkonsulat
▸ S. 119, D 4
Stare Miasto • ul. Stolarska 7, 31-043 Kraków • Tel. 4 24 30 00 • www.krakau.diplo.de

Österreichisches General-konsulat
▸ S. 118, A 3
Nowy Świat • ul. Cybulskiego 9, 31-123 Kraków • Tel. 4 24 99 30 • www.aussenministerium.at/krakaugk

Schweizer Botschaft
Al. Ujazdowskie 27, 00-540 Warszawa • Tel. 0 22/6 28 04 81 • www. eda.admin.ch/warsaw

FEIERTAGE

1. Jan. Nowy Rok (Neujahr)
Wielkanoc (Ostersonntag/-montag)
1. Mai Dzień Pracy (Tag der Arbeit)
3. Mai Święto Konstytucji (Tag der Verfassung)
Boże Ciało (Fronleichnam)
15. Aug. Wniebowzięcie NMP (Mariä Himmelfahrt)
1. Nov. Wszystkich Świętych (Allerheiligen)
11. Nov. Dzień Niepodległości (Tag der Unabhängigkeit)
25./26. Dez. Boże Narodzenie (Weihnachten)

GELD

1 Zloty	0,26 €/0,33 SFr
1 €	3,90 Zloty
1 SFr	3,00 Zloty

Gültiges Zahlungsmittel bleibt bis zur Einführung des Euro der Złoty (zł oder PLN), doch schon jetzt wird der Euro in vielen Hotels und Restaurants akzeptiert.
In der Bank (Mo–Fr 8–17, Sa 8–14 Uhr) fallen beim Tausch Gebühren an, nicht aber in der Wechselstube (»kantor«), die darüber hinaus meist länger geöffnet hat. Gängige Kreditkarten, allen voran Master-Card und Visa, werden in allen größeren Hotels und Geschäften akzeptiert, fast jede Bank verfügt inzwischen auch über einen Geldautomaten (»bankomat«).

INTERNET

www.polen.travel/de und www.polen.travel/de-at
Übersichtlich gestaltete Website der Polnischen Fremdenverkehrsämter Berlin bzw. Wien mit den neuesten Nachrichten aus dem Nachbarland, einer Beschreibung der wichtigsten Sehenswürdigkeiten Krakaus und vielen nützlichen Reisetipps.
www.krakow.pl
Die offizielle Homepage der Stadt informiert über Sehenswürdigkeiten, Kunst und Kultur sowie anstehende Veranstaltungen. Die Webcam auf dem Großen Markt gibt einen aktuellen Eindruck vom Geschehen. Die meisten Texte sind in Englisch, einige auch in Deutsch.
www.infokrakow.pl
Gemeinsamer Internetauftritt aller offiziellen touristischen Informationszentren der Stadt Krakau.

www.krakow4u.pl
Ein nach eigenen Worten »unabhängiger Stadtführer- und Fotoservice«.
www.cracow-life.com
Eine kommerzielle und dennoch vorzüglich aufbereitete Website mit vielen praktischen Tipps und einem kommentierten Veranstaltungskalender (in Englisch).
www.inyourpocket.com/krakow
Die englischsprachige Stadtzeitschrift beschreibt Hotels, Restaurants und Bars, manchmal gibt es auch Info-Texte zu bestimmten Themen (z. B. zum polnischen Papst).
www.krakowpost.com
Aktuelle Nachrichten zu Krakau in englischer Sprache.

MEDIZINISCHE VERSORGUNG
KRANKENVERSICHERUNG

Die Vorlage einer Europäischen Krankenversicherungskarte (EHIC) ist ausreichend. Als zusätzlicher Versicherungsschutz empfiehlt sich der Abschluss einer Auslandskrankenversicherung, da diese Krankenrücktransporte mitversichert.

KRANKENHAUS
Szpital Uniwersytecki w Krakowie   ▶ S. 119, F 3
Grzegórzki • ul. Kopernika 36 • Tel. 42 47 00 • www.su.krakow.pl

APOTHEKEN

Apotheken sind Mo–Fr 9–18, Sa 9–13 Uhr geöffnet; rund um die Uhr geöffnet ist die zentrumsnahe Apteka Pod Opatrznością.
Nowy Świat • ul. Karmelicka 23 •
Tel. 6 31 19 80   ▶ S. 118, B 3

NOTRUF
Euronotruf Tel. 1 12
(Polizei, Feuerwehr, Rettungsdienst)

NEBENKOSTEN

1 Tasse Kaffee	1,50 €
1 Glas Bier	1,60–2,00 €
1 Glas Cola	1,60 €
1 Schachtel Zigaretten	ab 1,50 €
1 Tagesgericht im Lokal	ab 4,00 €
1 Liter Super-Benzin	1,20 €
1 Mietwagen/Woche	ab 300,00 €
1 Taxifahrt (5 km)	5,00–7,00 €
1 Eintritt ins Museum meist	1,00–4,00 €

Über den Touristen-Notruf Tel. 08 00/20 03 00 (kostenfrei) oder die Handy-Rufnummer Tel. 00 48/2 26 01 55 55 (gebührenpflichtig) können sich Urlauber während der Sommermonate (tgl. 8–24 Uhr) auf Deutsch oder Englisch an die Polizei wenden.

POST

Postämter sind in der Regel Mo–Fr 8–20 Uhr geöffnet. Sie verfügen über Kartentelefone und verkaufen Telefonkarten. Briefmarken gibt es auch im Hotel und am Zeitungskiosk. Die Briefkästen in Polen sind rot.
Hauptpost   ▶ S. 119, D 4
Poczta Główna, Altstadtring, Ostseite • Westerplatte 20 • Mo–Fr 7.30–20.30, Sa 8–14 Uhr

REISEDOKUMENTE

Deutsche, Österreicher und Schweizer können mit einem gültigen Reisepass oder Personalausweis (Identitätskarte) einreisen. Kinder unter 16 Jahren müssen im Pass eines Elternteils eingetragen sein oder benötigen einen Kinderausweis.

REISEKNIGGE

Danke schön! Seien Sie nicht irritiert, wenn Sie so oft das Wort »dziękuję« (danke) hören. Seit der

Zeit, da Polen eine Adelsrepublik war, spielt Etikette in diesem Land eine große Rolle – selbst im Hotelaufzug mag es geschehen, dass sich jemand bei Ihnen für die gemeinsame Fahrt bedankt.

Vorsicht ist freilich angesagt, wenn Sie im Restaurant die Rechnung bezahlen und selbst brav ein »dziękuję« flüstern. Der Kellner wertet dies als Signal, dass Sie aufs Restgeld gerne verzichten. Also sagen Sie besser »proszę« (bitte sehr), wobei Sie die Börse geöffnet halten. Damit ist klar: Die Differenz soll ausgezahlt werden. Wollen Sie sich für einen guten Service bedanken, so lassen Sie 5 bis 10 % der Summe als **Trinkgeld** zurück.

Handkuss: Als Frau in Polen wird man öfters mit einem Handkuss bedacht: Kaum hat man dem Mann zur Begrüßung die Hand entgegengestreckt, hat er schon darauf seinen Kuss gehaucht oder geschmatzt. In Polen begrüßt der Mann immer zuerst die Frau, d. h., der Handkuss für die Sekretärin hat Vorrang vor dem Händedruck für den Chef!

Einladung: Wird man in Polen zum Essen eingeladen, zieht man sich gut an, um den Gastgebern Respekt zu zollen. In der Regel bringt man ein Geschenk mit: z. B. Blumen für die Frau oder eine Flasche Wodka für den Mann. Wird beim Essen ein »Wässerchen« angeboten, sage man nicht Nein: Zumindest bei der ersten Runde rechnet man fest auf Ihre Mitwirkung! Machen Sie auch nicht den Fehler, diesen Umtrunk mit russischer Zecherei zu vergleichen. Der Pole trinkt mit Maß, was man vom Russen oft nicht sagen kann.

REISEWETTER

Krakau hat mitteleuropäisches Klima, das in etwa dem deutschen entspricht. Allerdings ist der Winter etwas kälter, dabei trockener und meist schneereich. Dank vieler origineller Locations für leiblichen und geistigen Genuss ist Krakau selbst im Winter ein gutes Reiseziel. Die beste Zeit freilich sind die Monate Mai bis September, wenn alles grünt, die Terrassencafés öffnen und ein Festival das nächste jagt. Im »goldenen Herbst« gefällt die Farbenpracht der Laubbäume im Parkgürtel Planty und an den Weichselpromenaden.

TELEFON

VORWAHLEN

D, A, CH ▸ Polen 00 48
Polen ▸ D 00 49
Polen ▸ A 00 43
Polen ▸ CH 00 41
Krakau: 0 12

Mittelwerte	JAN	FEB	MÄR	APR	MAI	JUN	JUL	AUG	SEP	OKT	NOV	DEZ
Tages-temperatur	-1	0	5	13	20	23	25	24	19	12	5	2
Nacht-temperatur	-6	-6	-2	4	7	12	14	14	10	5	1	-3
Sonnen-stunden	1	2	4	5	6	9	8	7	6	3	1	1
Regentage pro Monat	8	9	7	8	7	9	11	9	8	8	9	9

Die meisten öffentlichen Telefonzellen funktionieren mit Karten, die in der Post und am Zeitungsstand erhältlich sind. Das Mobiltelefon lässt sich in Polen problemlos nutzen; allerdings fallen bei den meisten Providern teure Roaming-Gebühren an. Auch muss man berücksichtigen, dass im Ausland auch derjenige zahlen muss, der angerufen wird. Während der Anrufer für die Verbindung innerhalb Deutschlands aufkommen muss, übernimmt der Handy-Partner in Polen die Kosten für die Weiterleitung des Gesprächs ins Ausland. Wer also keine Anrufe empfangen will, sollte eingehende Gespräche besser sperren lassen! Am besten beschränkt man sich auf das Versenden von SMS. Die Gebühren sind bedeutend niedriger, und der Empfang von SMS ist in der Regel kostenfrei. Falls das Mobiltelefon SIMlock-frei ist, also andere Provider nicht gesperrt sind, und man viele Telefonate innerhalb Polens führen möchte, kann man sich eine örtliche Prepaid-SIM-Karte besorgen.

TIERE

Hunde und Katzen benötigen zur Einreise einen EU-Heimtierausweis (stellt der Tierarzt aus) mit Nachweis einer Tollwutimpfung. Das Tier muss durch einen Mikrochip identifizierbar sein.

VERKEHR
AUTO

Krakaus Altstadt ist verkehrsberuhigt und in verschiedene Park- und Fahrzonen eingeteilt: Zone A (Marktplatz und umliegende Gassen) ist nur für Fußgänger zugänglich, Zone B (alle restlichen Straßen innerhalb des Parkgürtels Planty)

für Anwohner und Hotelgäste mit spezieller Fahr- und Parkerlaubnis. In der Zone C (Stadtzentrum zwischen Parkgürtel Planty und äußerem Ring) ist die Parkzeit auf zwei Stunden begrenzt. Die Einfahrt in die Zone C ist mit blauen Tafeln gekennzeichnet; zuvor muss man eine Parkkarte am Kiosk (»ruch«) erwerben, unter Angabe von Datum und Uhrzeit ausfüllen und gut sichtbar ins Auto legen. Es empfiehlt sich, den Wagen auf bewachten Parkplätzen (Parking Strežony) abzustellen, z. B. am Słowacki-Theater (▸ S. 119, D 3) und an der ul. Karmelicka (▸ S. 118, A 2–B 3) sowie auf dem neuen unterirdischen Parkplatz westlich des Wawel (▸ S. 120, B 6).

Tankstellen

Tankstellen sind fast ebenso zahlreich wie in Deutschland, flächendeckend sichergestellt ist die Versorgung mit Superbenzin (95 und 98 Oktan), bleifreiem Benzin (durchgestrichenes »Pb«) und Dieselkraftstoff (ON, oft auch Biodiesel). An wichtigen Fernverkehrsstraßen und in größeren Städten haben Tankstellen durchgehend geöffnet, ansonsten meist von 6 bis 22, So und feiertags von 7 bis 17 Uhr.

Verkehrsregeln

Als Tempolimits gelten innerorts am Tage 50 km/h (von 23–5 Uhr 60 km/h), auf Landstraßen mit einer Fahrbahn 90 km/h, mit zwei Fahrbahnen 100 km/h; auf Schnellstraßen mit einer Fahrbahn 100 km/h, mit zwei Fahrbahnen 110 km/h und auf Autobahnen 130 km/h. Pkw mit Anhänger dürfen auch auf Landstraßen nicht schneller als 70 km/h, auf Autobahnen 80 km/h fahren.

Auto- und Motorradfahrer müssen das ganze Jahr über mit Abblendlicht fahren; Parken ist bei Dunkelheit nur mit Standlicht gestattet. Das Halten ist innerhalb von 100 m vor und nach einem Bahnübergang untersagt. Wer an Kreuzungen rechts abbiegen möchte, braucht das Umschwenken der Ampel auf grün nicht abzuwarten. Etwas gewöhnungsbedürftig ist, dass man in Polen sowohl links als auch rechts überholen darf.

Das Mobiltelefon darf am Steuer nur benutzt werden, wenn es über eine Freisprechanlage verfügt und beide Hände am Lenkrad bleiben.

Gurtpflicht besteht in Stadt und Land auf allen Sitzen, für Kinder bis zum Alter von 12 Jahren gilt Kindersitzpflicht. Warndreieck und Handfeuerlöscher, Verbandskasten und Ersatzbirnenbox müssen stets im Auto mitgeführt werden. Die Promillegrenze beträgt 0,2, bei Überschreitung kann der Führerschein eingezogen und das Fahrzeug sichergestellt werden.

Autos dürfen außerhalb geschlossener Ortschaften nachts nur von uniformierter Polizei gestoppt werden, tagsüber auch von Zivilpolizei, sofern sich diese bei einem Polizeiauto aufhält. Strafgeld dürfen Polizisten nicht bar kassieren, sondern müssen eine Rechnung ausstellen. Fällige Strafpunkte werden dem zuständigen Zentralregister im Herkunftsland gemeldet.

BAHN

Das Streckennetz Polens ist gut ausgebaut, doch wurden in den vergangenen Jahren vor allem im Osten des Landes zahlreiche Linien wegen mangelnder Auslastung stillgelegt. Zwischen den großen Städten wie Breslau, Kattowitz und Krakau verkehren EC- und IR-Züge, die an Schnelligkeit und Komfort westlichen Zügen nicht nachstehen.

Die Zugfahrkarte (»bilet«) erhält man am Bahnhof (»dworzec PKP«), wo es stets auch eine Gepäckaufbewahrung gibt. Abfahrtstafeln (»odjazdy«) sind gelb, Ankunftstafeln (»przyjazdy«) weiß gekennzeichnet. Die Fahrkarte für eine über 100 km lange Strecke gilt maximal zwei Tage, am ersten Tag der Gültigkeitsdauer muss die Reise beginnen. Die sogenannten Schnellzüge (»pośpieszne«) sind langsamer als D- und Expresszüge, dafür um einiges preiswerter. Für diese Züge kann man keine Reservierung vornehmen, in den Ferien sind sie von Schülern und Studenten überfüllt. Wer im Nahbereich kleine Dörfer besuchen will, wählt den Personenzug (»osobowy«) – er hält an jeder kleinen Station und hat nur Wagen zweiter Klasse. Auskünfte über innerpolnische Zugverbindungen unter www.rozklad.pkp.pl.

BUS

In Krakau bekommt man Tickets am Busterminal (Dworzec PKS, ul. Bosacka, EF2), der sich östlich des Hauptbahnhofs befindet. Ist dieser geschlossen, kauft man die Karten direkt beim Fahrer. Wer sein Ziel besonders schnell erreichen will, wählt eine der wenigen auf der Anschlagtafel rot eingetragenen Verbindungen. Haltestellen erkennt man an den blauen Schildern mit Bussymbol und PKS-Logo.

Die staatliche Busgesellschaft bekommt zunehmend Konkurrenz von privaten Busunternehmen. Schnell und direkt ist Polski Express, der

vorerst aber nur zwischen größeren Städten verkehrt. Daneben gibt es Mikro-Busse, die unter anderem Orte wie Zakopane, Auschwitz und Niepołomice ansteuern.

FAHRRAD

In polnischen Bussen darf das Rad nicht mitgeführt werden, wohl aber in Zügen mit Gepäckwagen. Diese sind im Fahrplan durch ein Gepäck- oder Fahrradsymbol ausgewiesen. Tickets fürs Fahrrad kauft man am Bahnschalter, ihr Preis beträgt 50 % vom Erwachsenenticket.

Fahrradverleih

In Krakau gibt es mehrere Fahrradverleihstationen (»wypożyczalnia rowerów«). Die Radmiete beträgt zwischen 8 und 20 € pro Tag; außerdem wird die Hinterlegung der Ausweiskopie oder aber eine Kaution von 50 bis 100 € gefordert.
Günstigster Anbieter war zuletzt:

Dwa Kola (Two Wheels)
▶ S. 121, D7

Kazimierz • ul. Józefa 5 • Tram: Miodowa • Tel. 4 21 57 85 • www. dwakola.internetdsl.pl

Rent A Bike Krakow ▶ S. 121, D7

Bei telefonischer Bestellung ist die Miete zwar teurer, doch wird das Fahrrad binnen 30 Min. an jeden gewünschten Ort innerhalb Krakaus geliefert.
Kazimierz • ul. Stradomska 7/P 4 • Tel. 7 92 48 90 67 • www.rentabike.pl

MIETWAGEN

Internationale Autoverleihfirmen wie Hertz (www.hertz.com.pl), Avis (www.avis.pl), Europcar (www.europcar.com.pl) und Sixt (www.sixt.pl) verfügen über Niederlassungen in Hotels und am Flughafen. Die Mietwagen haben den gleichen Standard wie in Westeuropa, auch die Preise haben westliches Niveau. Die Autos können vorgebucht werden; Kreditkarten werden akzeptiert, das Mindestalter für die Automiete beträgt 21 Jahre.

ÖFFENTLICHE VERKEHRSMITTEL

Bus und Straßenbahn verkehren am Rand der Altstadt und in den Vororten. Eingangstor zur Altstadt ist der Hauptbahnhof im Nordosten (Haltestelle: Kraków Główny), von wo man durch eine unterirdische Passage ins historische Zentrum gelangt. Im Uhrzeigersinn folgen längs des Parkgürtels die Haltestellen Westerplatte, Stradom, Filharmonia, Karmelicka und Kleparz. Eine einzige Linie quert die Altstadt längs der ul. Franciszkańska, aussteigen kann man an der Haltestelle Plac Wszystkich Świętych.

Wer in Krakau öffentliche Verkehrsmittel benutzen will, sollte sich bei der Touristeninformation einen Übersichtsplan der Krakauer Busse und Straßenbahnen besorgen. Tickets (poln. »bilet«) für Bus und Straßenbahn erhält man am Kiosk (»ruch«) bzw. mit Aufpreis auch beim Fahrer; nach dem Besteigen des Verkehrsmittels muss die Fahrkarte entwertet werden. Sie gilt nur für eine Fahrt ohne Umsteigen. Man kann auch eine Tages- bzw. Dreitageskarte kaufen, die nur vor der ersten Benutzung entwertet werden muss.

TAXI

Achten Sie darauf, dass nach Fahrtbeginn der Taxameter eingeschaltet wird. Zwischen 23 und 5 Uhr sowie sonntags darf ein Aufschlag erhoben werden. Zuverlässig sind:
Radio Taxi Tel. 0 12/91 91
Barbakan Taxi Tel. 0 12/96 61
Euro Taxi Tel. 0 12/96 64
Metro Taxi Tel. 0 12/96 67

ZEITUNGEN UND ZEITSCHRIFTEN

Deutschsprachige Zeitungen sind meist am gleichen Tag erhältlich (z. B. bei Empik ▸ S. 31). Englischsprachige Gratis-Zeitschriften, die in Hotels ausliegen, sind »Kraków Insider« und »Kraków – what, where, when«. Alle zwei Monate erscheint der informative »Pocket Guide Cracow«, der eine Fülle praktischer Tipps bereithält. Die Kulturinformation verkauft den monatlichen Veranstaltungskalender »Karnet«.

ZOLL

Reisende aus Deutschland und Österreich dürfen Waren abgabenfrei mit nach Hause nehmen, wenn diese für den privaten Gebrauch bestimmt sind. Bestimmte Richtmengen sollten jedoch nicht überschritten werden (z. B. 800 Zigaretten, 90 l Wein, 10 kg Kaffee). Weitere Auskünfte unter www.zoll.de und www.bmf.gv.at/zoll.

Reisende aus der Schweiz dürfen Waren im Wert von 300 SFr abgabenfrei mit nach Hause nehmen, wenn diese für den privaten Gebrauch bestimmt sind. Tabakwaren und Alkohol fallen nicht unter diese Wertgrenze und bleiben in bestimmten Mengen abgabenfrei (z. B. 200 Zigaretten, 2 l Wein). Weitere Auskünfte unter www.zoll.ch.

Kartenatlas

Maßstab 1:12 500

Legende

Spaziergänge

○——● Königsweg durch die Altstadt (S. 82) Start: S. 119, D2

○——● Im »Zauberring« der Planty (S. 84) Start: S. 118, C3

○——● Das jüdische Krakau (S. 86) Start: S. 121, E6

Sehenswürdigkeiten

🔟 MERIAN-TopTen

🔟 MERIAN-Tipp

▢ Sehenswürdigkeit, öffentl. Gebäude

✳ Sehenswürdigkeit Kultur

⚑ Schloss, Burg

⛪ Kirche; Kloster

✡ Synagoge

🏛 Museum

Denkmal, Gedenkstätte

Verkehr

═══ Autobahn

═══ Autobahnähnliche Straße

—— Fernverkehrsstraße

—— Hauptstraße

—— Nebenstraße

······ Unbefestigte Straße, Weg

---- Fußgängerzone

🅿 Parkmöglichkeit

🅱 Busbahnhof

(PKP) Bahnhof

✈ Flughafen

⊕ Flugplatz

Sonstiges

ℹ Information

🎭 Theater

Markt

▲ Camping

⚓ Schiffsanleger

Seilbahn

† † † Friedhof

L L L Jüdischer Friedhof

▢ National-, Naturpark

🍀 Naturpark

D

E

F

Montelupich

Al. Juliusza Słowackiego

arz

Politechnika Krakowska

Park im.

Szlak

Warszawska

Szlak

Pawia

Wita Stwosza

Wjazd

Katowa

Żelazna

Cmentarz Rakowicki

Warszawskie

1

Zygmunta roblewskiego

Jalu Kurka

Ogrodowa

Św. Filipa

Krótka

Krzywa

Rynek Kleparski

Paderewskiego

eparz

Długa

Florianskirche

Kurniki

pl. Jana Matejki

Akademie der Schönen Künste

Warszawska

Zacisze

St. Worcella

Pawia

Galeria Krakowska

P

P

P

P

Bahnhof

PKP

1

Wirtschafts-akademie

Aleksandra Lubomirskiego

Bosacka

Topolowa

Zygmunta Augusta

Kurkowa

Rakowicka

Busbahnhof B

Nowa Huta

2

risten-kirche

artoryski-museum

Św. Jana

Basztowa

Grodzka

Barbakane Florianstor

Jama Michalika

Stalowe Magnolie

Piano Rouge

Thomas-kirche

Jan-Matejko-Haus

Pharmazie-Mus.

Słowacki-Theater

pl. Św. Ducha

Theater-museum

Heilig-Kreuz-Kirche

Św. Marka

Św. Krzyża

Pożegnanie z Afryka

Św. Tomasza

Lubicz

Westerplatte

Zamenhofa

Marii-Skłodowskiej-Curie

Radziwiłłowska

Strzelecka

Mikołaja Kopernika

Lubicz

Planty

6

Mikołajska

Marien-kirche

Barbarakirche

Sienna

Mały Rynek

Kl. Marktpl. I.

Na Gródku

Mikołajska

Nikolauskirche

Mikołaja Kopernika

H. Kołłątaja

Blich

Św.

Łazarza

Wanda-Hügel Botanischer Garten

3

Wesoła

Stolarska

3

Galeria Plakatu K. Dydo

Westerplatte

Mikołaja Zyblikiewicza

Librowszczyzna

Morsztynowska

Sołtyka

Dwerni-ckiego

Jana i Jędrzeja Śniadeckich

4

ański

Dominikaner-kirche

Dominikańska

Akademie der Musik

Św. Gertrudy

Starowiślna

Wielopole

Józefa Dietla

Grzegórzecka

Al. Ignacego

Metalowców

ollegium uridicum

Peter- und Paul-Kirche

ndreaskirche

Józefa

Sarego

Wrzesińska

Hala Iodowa

W. Pola

0   150 m

N

D

E

© MÉRIAN-Kartographie

Kartenregister

Orts- und Sachregister

Wird ein Begriff mehrfach aufgeführt, verweist die **fett** gedruckte Zahl auf die Hauptnennung, eine *kursive* Zahl auf ein Foto.
Abkürzungen:
Hotel [H]
Restaurant [R]

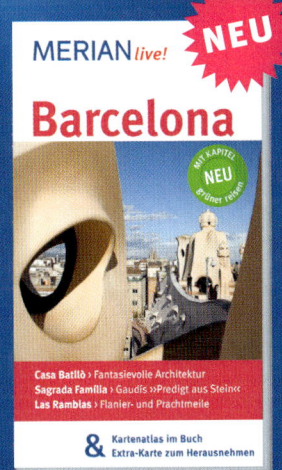

Liebe Leserinnen und Leser,
vielen Dank, dass Sie sich für einen Titel aus unserer Reihe MERIAN *live!* entschieden haben. Wir freuen uns, Ihre Meinung zu diesem Reiseführer zu erfahren. Bitte schreiben Sie uns an merian-live@travel-house-media.de, wenn Sie Berichtigungen und Ergänzungen haben – und natürlich auch, wenn Ihnen etwas ganz besonders gefällt.

Alle Angaben in diesem Reiseführer sind gewissenhaft geprüft. Preise, Öffnungszeiten usw. können sich aber schnell ändern. Für eventuelle Fehler übernimmt der Verlag keine Haftung.

© 2012 TRAVEL HOUSE MEDIA
GmbH, München

MERIAN ist eine eingetragene Marke der GANSKE VERLAGSGRUPPE.

1. Auflage

Alle Rechte vorbehalten. Nachdruck, auch auszugsweise, sowie die Verbreitung durch Film, Funk, Fernsehen und Internet, durch fotomechanische Wiedergabe, Tonträger und Datenverarbeitungssysteme jeglicher Art nur mit schriftlicher Genehmigung des Verlages.

BEI INTERESSE AN DIGITALEN DATEN AUS DER MERIAN-KARTOGRAPHIE:
kartographie@travel-house-media.de

BEI INTERESSE AN ANZEIGENSCHALTUNG:
KV Kommunalverlag GmbH & Co KG
MediaCenterMünchen
Tel. 0 89/9 28 09 60
info@kommunal-verlag.de

TRAVEL HOUSE MEDIA
Postfach 86 03 66
81630 München
merian-live@travel-house-media.de
www.merian.de

PROGRAMMLEITUNG
Dr. Stefan Rieß
REDAKTION
Anne-Katrin Scheiter
LEKTORAT
Rosemarie Elsner
BILDREDAKTION
Lisa Grau
SCHLUSSREDAKTION
Gisela Wunderskirchner
SATZ/TECHNISCHE PRODUKTION
Nadine Thiel | kreativsatz
REIHENGESTALTUNG
Independent Medien Design,
Elke Irnstetter, Mathias Frisch
KARTEN
Gecko-Publishing GmbH
für MERIAN-Kartographie
DRUCK UND BUCHBINDERISCHE VERARBEITUNG
Stürtz Mediendienstleistungen, Würzburg

TRAVEL HOUSE MEDIA

Ein Unternehmen der
GANSKE VERLAGSGRUPPE

PEFC
PEFC/04-31-1404

BILDNACHWEIS
Titelbild (Großer Markt mit Tuchhallen und Marienkirche), Laif: P. Rigaud
Alamy: G. Wrona 12 • ArcoImages: Camerabotanica 26 • Corbis: Atlantide Phototravel 29 • dpa Picture-Alliance: P. Pleul 46 • R. Hackenberg 51, 60, 73 • Hotel Copernicus 15 • Laif: T. Gerber 98/99, hemis.fr/Rabouan 30, 80/81, 85, 100, E. Hirsch 83, P. Hirth 55, A. Selbach 70, G. Westrich 2, 10/11, 52 • Look-Foto 22, 38, 66 • Mauritius Images: Alamy 9, 32, 34, 37, 42, 91, awl-images: K. Garrod 18 • P. Mazur 41 • Polnisches Fremdenverkehrsamt: J. Leśniak 69, Travelphoto/A. Olej, K. Kobus 58 • D. Schulze/I. Gawin 21 • Shutterstock: Cudak 75, Nahlik 44/45, Wolfkamp 92 • T. Stankiewicz 4, 64 • Ullstein Bild: Hackenberg 79 • Wszelkie Prawa Zastrzeżone: H. Waguła 115